活着意味着什么

精神分析的深度探索

(Thomas H. Ogden)
[美] 托马斯·H. 奥格登 著
唐京燕 译

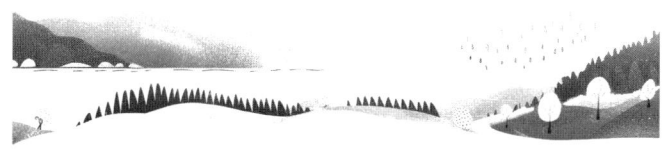

What Alive Means

Psychoanalytic Explorations

机械工业出版社
CHINA MACHINE PRESS

本书以20世纪50~70年代唐纳德·温尼科特和威尔弗雷德·比昂引领的精神分析变革为背景，探讨了精神分析从"理解"到"体验"的重心转移，强调病人与分析师共同创造分析体验过程的重要性。作者认为，这种转移是精神分析从认识论维度转向本体论维度的范式变革，温尼科特的"悖论性思维"对这一变革贡献深远。书中创造性地重读了温尼科特的四篇论文，探讨了"活着意味着什么"这一核心主题，关注语言初萌时的心理转化，认为意义是在当下真实创造出来的。全书共九章，涵盖临床实践中的本体论、存在的悖论、无意识的重新构想、分析中的关系回馈、身体的鲜活体验、语言象征的转化等多方面内容，最后以给年轻写作者的信作结，表达书写过程也是创造生命的理念。

What Alive Means: Psychoanalytic Explorations/by Thomas H. Ogden/ISBN: 9781032867168
Copyright © 2025 Thomas H. Ogden.

Authorized translation from English language edition published by Routledge, part of Taylor & Francis Group LLC; All rights reserved; 本书原版由 Taylor & Francis 出版集团旗下 Routledge 出版公司出版，并经其授权翻译出版，版权所有，侵权必究。

China Machine Press is authorized to publish and distribute exclusively the Chinese (Simplified Characters) language edition. This edition is authorized for sale in the Chinese mainland (excluding Hong Kong SAR, Macao SAR and Taiwan). No part of the publication may be reproduced or distributed by any means, or stored in a database or retrieval system, without the prior written permission of the publisher. 本书中文简体翻译版授权机械工业出版社在中国大陆（不包括香港、澳门特别行政区及台湾地区）出版与发行。未经出版者书面许可，不得以任何方式复制或发行本书的任何部分。

Copies of this book sold without a Taylor & Francis sticker on the cover are unauthorized and illegal. 本书封面贴有 Taylor & Francis 公司防伪标签，无标签者不得销售。

北京市版权局著作权合同登记　图字：01-2025-1723号。

图书在版编目（CIP）数据

活着意味着什么：精神分析的深度探索 /（美）托马斯·H.奥格登（Thomas H. Ogden）著；唐京燕译.
北京：机械工业出版社，2025.9（2025.11重印）. -- ISBN 978-7-111-79028-0

Ⅰ.B841

中国国家版本馆CIP数据核字第2025UN8549号

机械工业出版社（北京市百万庄大街22号　邮政编码100037）
策划编辑：坚喜斌　　　　责任编辑：坚喜斌　朱婧琬
责任校对：韩佳欣　李小宝　责任印制：任维东
唐山楠萍印务有限公司印刷
2025年11月第1版第2次印刷
145mm×210mm·8.25印张·3插页·143千字
标准书号：ISBN 978-7-111-79028-0
定价：69.00元

电话服务　　　　　　　　网络服务
客服电话：010-88361066　机 工 官 网：www.cmpbook.com
　　　　　010-88379833　机 工 官 博：weibo.com/cmp1952
　　　　　010-68326294　金 　书 　网：www.golden-book.com
封底无防伪标均为盗版　　机工教育服务网：www.cmpedu.com

献给
朱塞佩·奇维塔雷斯（Giuseppe Civitarese）和
安东尼诺·费罗（Antonino Ferro）

本书赞誉

毫不夸张地说，奥格登在精神分析领域开辟了一条新路径，巧妙地创造了新的范式，而没有陷入新的正统观念。奥格登提供了新的视角：从解码的精神分析转变为从事发明、梦想和游戏的精神分析。在这本书中，奥格登不断地从解释性的精神分析转向开辟新鲜的、令人惊讶的，更具可能性的精神分析。他的作品读起来像故事一样动人。个人经历以类似于梦境、故事、不可能的谜题的方式展开，所有这些都以一种充满乐趣和创造力的关系相互联系。

——安东尼诺·费罗（Antonino Ferro）博士，
2007 年 Sigourney 奖获得者、
《星际漫游：当代精神分析指南》的作者

在清晰的笔触下，奥格登展示了他如何与每位患者以不同的方式工作，创造一种有助于患者实现心理变化的精神分析形式，使他们能够成为更完整的人。凭借他标志性的清晰思维，奥格登为对无意识、前语言和未活过的生活的分析理解做出了原创性贡献。这本书是一部力作，读者在阅读过程中会得到丰厚的回报。

本书赞誉

——格伦·O. 加伯德（Glen O. Gabbard）博士，
布朗精神分析基金会主席、美国得克萨斯州
休斯敦贝勒医学院贝勒精神科诊所主任

不得不承认，这已经不是一本普通的专业论文集，而是一部生命的见证集：大师奥格登对大师温尼科特的映照，以及对来访者生命的映照，也是作者对自身生命的映照。这三重的见证，温柔而充满力量。

——张沛超博士，资深心理咨询师、作家

"呼吸如起伏的鸟腹"，如果生命本身就是一场过渡性体验，那么在过渡性空间里，我们可以通过体认过渡性客体，认出对方，成为自己；而这整个充满鲜活与死寂悖论的过程，难道不是一场幸福的游戏吗？多年前我向罗伯特·史托罗楼提问："请用一句话分享你用一生总结出的心理咨询理论与实践的精华。""体验、体验、体验。"这是他回答这个问题的前半句，正如书中对温尼科特所提出的当代精神分析本体论维度的聚焦，使我更加深刻地理解了心理分析过程的本质和真相。

书中大量详实生动的案例，使得本应略带晦涩、充满哲思的当代精神分析理论变得明了易懂；通俗、朴素而深刻的中文翻译，也使阅读的体验变得愉快、轻松、鲜活。

——理心，国际精神分析自体心理学协会（IAPSP）理事作者以生动的临床画面唤起读者对"活着"的体验，而不是被分析或解读。"存在"与"成为"这两大关乎"活着"的主题被当作心理咨询的核心，作者告诉我们，它们的实现无法通过分析或解释而获得，而是由两个主体一起进入体验——在突破语言限制并以真实的情感回应中完成的。那些关照"我是谁""我想成为什么样的人"的视角，将引导临床实践者以及读者，回归让生命被感知、被看见的根本主题。

——曲丽，心理咨询师、《共情式对话》
《自体心理学临床实践手册》的作者

奥格登把弗洛伊德式精神分析——即重视解释的精神分析——称为精神分析的"认识论维度"，把温尼科特、比昂等人开创的通过在咨询的场域中产生的共同经验来展开的精神分析称为精神分析的"本体论维度"。奥格登认为后者是精神分析的精髓所在，是实现疗愈的主要途径。奥格登的见解丰富了我们对精神分析治疗过程的认识，也在精神分析与存在-人本主义等其他流派的治疗方法之间架起了桥梁。

——訾非，中国心理学会注册督导师、
《成长心理学》的作者

奥格登让我们重新听见温尼科特与比昂的低语：治疗不是"解释痛苦"，而是"让未曾活过的生命此刻开始呼吸"。书中关于"活着意味着什么"的追问，把临床现场还原为两个人共同创造真实存在的实验室，心理动力学和后现代心理学在这里交相辉映，达成了共识！任何想在咨询室里见证"人如何第一次成为自己"的同行，都该把这本书放在手边，反复摩挲。

——李焰，清华大学学生心理发展指导中心主任、教授，
中国科学院心理研究所健康心理学博士

奥格登手中的精神分析总有着特殊的魔力，是一场语言的炼金术。他坚信，分析师与患者共同创造的"第三主体"才是治疗性转化的真正温床，强调疗愈发生于分析师与患者共同创造的潜意识交汇处。本书绝非传统技术手册，而是带领读者体验如何通过语言与幻想重寻生命质感的指南。推荐给每一位渴望理解人类心灵深层联结的读者。

——仇剑崟，国家精神疾病医学中心
（上海市精神卫生中心）心理治疗学院院长、
上海市精神卫生中心心理咨询与心理治疗中心主任

推荐序

2025年3月,我邀请意大利的朱塞佩·奇维塔雷斯（Giuseppe Civitarese）来华教学时,带他在上海南京东路漫步,聊起奥格登的精神分析作品在中国受到很多精神分析同行的关注。朱塞佩饶有兴致地说起,奥格登在2024年刚出版了一部新作品,还把这部作品献给了他和安东尼诺·费罗（Antonino Ferro）。我当时很好奇,这究竟是一本怎样的书。

之后,我在网络上查找奥格登2024年出版的新书,发现是 What Alive Means: Psychoanalytic Explorations（《活着意味着什么：精神分析的深度探索》）。阅读这部作品后,我注意到它源于奥格登2019年的论文《本体论精神分析：你长大后想成为什么样的人》。2021年,我因督导研究需要采访美国关系精神分析代表人物之一的艾德丽安·哈里斯（Adrienne Harris）,她向我推荐了奥格登的这篇论文,并称其极为重要。当时正值新冠疫情,活动较少,我便组织研究生翻译了这篇论文。在论文中,奥格登重新定义了精神分析的工作方式,即认识论的精神分析与本体论的精神分析。所谓认识论的精神分析,是以还原论为背景、以诠释为中心的精神分析传统;本体论精神分析,源于温尼科特、比昂等人为代表的流派,以"成为什么样的人"为核心,将精神分析的工作重新假设为启动每个人自身所蕴藏的生命种子,让我们成为所是之人,让我们发出所是的呐喊,让我们梦出所是的梦。

阅读时,我有种感觉:当代精神分析的发展正与人文主义哲学、存在主义哲学融为一体。虽然这样的思想在精神分析早期先驱(如荣格、费伦奇、赖希等学者)的著作中已出现,但它真正被精神分析主流逐步接纳的时间,却是在科胡特、温尼科特、比昂等学者的职业生涯的后半段。在这些学者的探索下,精神分析在摆脱对"意识理性之光照耀无意识黑暗"的执念后,重新让无意识的审美之光回归人类心灵。

在教学和督导精神分析取向案例时,我发现不少同行对精神分析理论和概念有深入理解,在工作中常以某些概念、术语思考和讨论个案,逻辑环环相扣、密不透风。这相比几十年前心理咨询刚在中国起步时,自然规范了很多,也进步了很多。但我却常常感受到人类存在的缺失——这里的"人类",不仅指来访者作为人类的存在,也包括咨询师作为人类的存在。我认为任何心理咨询都不应如此,精神分析取向的工作更不应如此。精神分析工作,应当帮助来访者的心灵从"活在别处"回到"活到当下"。否则,咨询师的位置就像"死亡母亲":虽然她身处此地,却又并不在此。这样的工作会让咨询场景陷入死寂而缺乏活力的僵局,或许几年下来,来访者会脱落,但来访者的付费已然消耗。这绝非咨询师应做的工作。这样的场景其实让来访者回到了缺乏生动想象或想象匮乏的病理场域。而奥格登、费罗、朱塞佩等延续荣格-比昂临床思想的学者所提出的"第三方"(也可称为"场域")中的遐想,正是带来生机的关键。在咨访双方的死寂场景中,正是这些生动鲜活的视觉图像、身体遐想乃至梦境的发展过程,使得那些未被言说的呐喊、未被梦到的梦境得以象征化表达。奥格登在本书中大量思考温尼科特的思想,发掘其未被言说的隐秘,为临床实践中生动鲜活的生命性提供了绝佳注解,也让我们得以发现温尼科特思想的新意义。

阅读此书时我虽饶有兴趣,却因忙于组织翻译《科胡特文集》、《真相与无意识》(*Truth and the Unconscious in Psychoanalysis*)及撰写自己的作品,未能亲自翻译,实属遗憾。但幸运的是,杭州的心理咨询师黄维锋告知我,机械工业出版社即将出版本书的中文版。我既惊讶于这部作品能如此迅速地被译介，也深深感谢出版社和翻译者的努力。因此，我自告奋勇为这本书写下这篇推荐序，希望这些富有意义的当代精神分析临床思想能被更多国内同行接触和了解。

徐钧

中国心理卫生协会精神分析专委会常委

上海市心理学会临床心理与心理咨询工作委员会主任委员

南嘉心理咨询中心创始人

2025 年 7 月

引 言

在20世纪50~70年代，唐纳德·温尼科特（Donald Winnicott）与威尔弗雷德·比昂（Wilfred Bion）引领了一场精神分析理论与实践的深刻变革。这场"革命"标志着精神分析的重心从原先强调通过增进自我理解以促成心理改变的学科，转变为一种由病人与分析师共同创造的分析体验过程。在其中，病人逐步获得了体验自身是一个真实而鲜活存在的能力。

这一从"理解"到"体验"的重心转移，并非否定自我理解的价值；相反，当理解是源自病人与分析师共同经历的某些过去无法真正活出的生命时，它反而成为心理变迁的关键动力。在病人重新拥有那些"未曾活过的生命"[一]的过程中，至关重要的是，他们能感受到自己被真正地看见——不但作为此时此刻的自己，还作为那个正在成为的自己。

这种"未曾活过的生命"，并不总是以无意识冲突、

[一] "未曾活过的生命"（unlived life）用以描述那些因早期关系失调而未能真正被经历的生命部分。这些经验并非被压抑或遗忘，而是自始至终未被活出，常表现为空虚、无意义感或情感缺席。——译者注

被压抑的欲望或幻想的形式出现,更常以一种内在的空虚和徒劳感呈现出来——一种仿佛从未真正活在自己生命里的体验。我将这场由"理解"向"体验"的重心转移,视为精神分析从认识论维度转向本体论维度的范式变革。本书第 1 章将展示我在本体论精神分析方向上的临床工作路径。

温尼科特与比昂所带来的这场精神分析革命,也要求我们重新思考分析理论的多个维度。在这一进程中,温尼科特的贡献或许最为深远。他以独到的方式引入了"悖论性思维"。这种悖论构成了他一系列开创性概念的核心,包括过渡性客体与现象、潜在空间、游戏的体验、独处的能力,以及一切形式的创造性体验。作为回应,我也提出了对"无意识"与"分析时间"这两个核心概念的重新构想(详见第 3 章与第 4 章)。

温尼科特的每一篇论文都以独具一格的方式重塑了精神分析理论。在本书中,我创造性地重读了他的四篇具有转折意义的论文。第 2 章、第 5 章、第 7 章与第 8 章中,我不仅在"阅读"温尼科特,也在某种意义上"书写"温尼科特——我试图延展他曾提出却尚未充分展开,甚至可能尚未意识到的思想脉络。

在第 8 章中,我进一步探讨"活着意味着什么"这一核心主题,聚焦于语言初萌之际所发生的心理转化。在这一阶段，意义并非从前语言状态简单转化为语言状态，而是在当下被真实地创造出来。全新的认知体验与情感状态由此诞生，一种截然不同的生命形式应运而生。

本书最后以一封写给一位年轻写作者的信作结。在信中，我表达了这样一种理念：在我们书写任何体裁的过程中，我们并非仅仅在记录生命，而是在参与创造生命。

目 录

本书赞誉

推荐序

引 言

**第 1 章
认出我：**
临床实践中的本体论 / 001

**第 2 章
活着意味着什么：**
存在的悖论与中间经验的真实 / 033

**第 3 章
意义即世界：**
去构无意识 / 081

**第 4 章
那些未被活过的事：**
共时性、历时性与经验的重组 / 101

第 5 章
如实返还：
分析中的关系回馈与真实存在 / 113

第 6 章
呼吸如起伏的鸟腹：
鲜活的身体 / 141

第 7 章
说出世界，说出我：
语言象征的转化 / 177

第 8 章
我一个人，但你也在：
独处、在场与真实生命的展开 / 197

第 9 章
鲜活的写作：
给年轻写作者的信 / 225

致　谢 / 245

第 1 章

认出我:
临床实践中的本体论

我将精神分析视为一个包含两个相互依存维度的治疗过程，包括本体论维度，涉及存在与成为；以及认识论维度，涉及认知与理解（Ogden，2019，2020）。正如物质世界的三维空间既各自独立又无法彼此分离，精神分析中的两个维度也从不以纯粹、孤立的形式存在。二者之间存在一种辩证的张力：每一个维度既创造又保存，同时也否定着另一个，就如同有意识与无意识之间的关系——它们互为依存、彼此界定（没有意识的概念，就无法谈论无意识；同样地，离开认识论维度，本体论维度也失去了其意义基础）。

精神分析的本体论维度，即"成为"的层面，是认识论维度得以发生的土壤。换句话说，理解必须从体验中诞生，但体验并不源自理解。一个人可以在不借助认知与自我解释的情况下，进入一种"存在"的状态——比如在游戏、梦境、写作或任何形式的创造性活动中。只有当理解根植于这些真实的体验时，自我理解才显得真实而有生

第1章 认出我：临床实践中的本体论

命力。

在本章后续的临床案例中你将看到，我几乎没有提及客体关系理论㊀——尽管它在我对精神分析理论与实践的理解中占有重要地位。这一理论聚焦于自体内部各部分之间的无意识关系。此外，我也不会详细讨论"遐想"㊁这一概念，它是一种近似清醒梦的心理状态，使我得以感知分析关系中正在发生的无意识动态（Ogden，1994/2004）。虽然这些内容对我的理论构建和临床思维至关重要，但并非本章关注的焦点。我在此所聚焦的是另一些维度：鲜活与死寂、真实与虚假、自我的核心或我们称为灵魂的东西……这些都不是分析师借助解释来揭示的内容，而是在分析现场中，由病人和分析师共同经历并体验出来的"存在"状态。它们构成了精神分析的本体论维度（Ogden，1995）。

精神分析的认识论与本体论维度

我将弗洛伊德（Freud）和克莱因（Klein）视为认识论精神分析的主要建构者，温尼科特和比昂则是本体论精神分析的奠基者。弗洛伊德和克莱因主要关注梦境与儿童

㊀ 客体关系理论（object relation theory）强调个体与内摄他人之间无意识的关系，温尼科特为其代表性发展者之一。——译者注

㊁ 遐想（reverie）是比昂提出的情感接收状态，帮助分析师体验并转化来访者的无意识情绪。——译者注

游戏中所承载的象征性意义，而温尼科特与比昂更专注于游戏与梦境作为体验本身的发生过程。

认识论精神分析的一项核心技术，是分析师在移情关系中对前沿焦虑做出言语解释。"解释是弗洛伊德学说与技术的核心。精神分析本身可以被界定为揭示潜藏意义的过程。"（Laplanche & Pontalis，1973，p.227）

对于弗洛伊德与克莱因而言，精神分析的核心任务在于"使无意识成为意识"。正如弗洛伊德（1933）所言："Wo Es war, soll Ich werden"["本我（id）所在之处，自我（ego）将出现"]㊀（Freud，1933，p.80）。[1] 他们认为，人的内在心理世界在很大程度上是无意识的。弗洛伊德（1900/1933）主要探索梦、症状、联想与移情所承载的无意识含义，克莱因（1932/1975）则更关注"无意识幻想"，尤其是其在儿童游戏中的表现。然而，即便是在以"理解"为核心的分析路径中，本体论与认识论维度也并非泾渭分明。例如，弗洛伊德（1933）关于"本我转化为自我"的论述既可被理解为对无意识的认知过程，也可以理解为一种"成为主体"的心理生成。

对弗洛伊德与克莱因来说，心理变化的媒介在于通过

㊀ 这是精神分析中最著名的句子之一，意指心理治疗的目标是将原本由本我（id）主导的无意识领域，逐步转化为自我（ego）所能掌控的领域。——译者注

第 1 章　认出我：临床实践中的本体论

前意识、意识的二级过程思维㊀和言语符号化，将压抑的无意识内容带入意识。认识论精神分析的主要目标之一，是帮助病人更深入地理解自己，特别是理解被压抑的无意识，使个体能够更真实、更深入地经验自己与外部对象世界，并拓展情感的深度与广度。

温尼科特（1969a）曾指出弗洛伊德精神分析理论的局限："我们很难相信，弗洛伊德为我们开启的精神分析所提供的研究可能性，在我们不断前进的过程中，却不再是他本人可以继续参与的"（p.241）。㊁

相较而言，温尼科特与比昂所倡导的本体论精神分析，并不主要关注对梦境与游戏的无意识含义的理解，而是强调游戏和梦境作为富有生机的成长体验，涉及整个心理–躯体㊂。温尼科特（1971a）用自己的语言精准地描述了认识论与本体论精神分析之间的不同：

> 我认为克莱因（1932）在其著作中，只要提及游戏，就几乎完全集中在游戏的象征意义……这并非对克莱因或其他儿童精神分析者观点的批评，我

㊀ 指有意识、逻辑化、受现实约束的思考方式，是弗洛伊德所说"自我"的典型运作模式。——译者注
㊁ 温尼科特在此温和地指出，精神分析的发展已超越弗洛伊德当初的设想，即使弗洛伊德仍在世，也未必能参与今日的理论与实践进程。——译者注
㊂ 心理–躯体（psyche-soma）指心与身作为一个整体而存在的状态，第 6 章将专门展开说明。——译者注

> 只是想指出另一种可能性……分析师可能过度专注于解读游戏的内容，而忽视了游戏的过程本身，没有将"游戏"视为一个独立的现象加以描述。显然，我在"游戏"（play）这一名词与"游戏中"（playing）这一动词之间做出了重要的区分。
>
> （pp.39–40）

在这里，温尼科特界定并强调了认识论与本体论精神分析之间的根本区别。前者关注名词，即游戏所具有的象征意义；后者则聚焦动词——孩子在游戏之中所真实经历的生命活力，那是一个个体感受到"自己活着且真实"，正在苏醒并逐步成为自己的过程。

与认识论精神分析相比，本体论精神分析对分析师解释的依赖显著减少。温尼科特（1969b）曾如此反思：

> 直到最近几年，我才学会等待移情关系的自然发展，这种移情源自病人对精神分析技术与设置逐渐建立起的信任，而不是通过解释来打断这一自然过程。
>
> （p.86）

他接着说：

> 回想起自己过去因急于解释而干扰乃至延误病

人深层变化的发生，我感到十分震惊……如果我们能够等待，病人将以创造性的方式抵达理解本身，并从中体验到深切的喜悦。如今，我更享受那种由病人自主领悟所带来的喜悦，胜过以往那种自以为聪明的满足感。

（p.86）

这里的重点，并不在病人从分析师的解释中"理解"了什么（即对分析师解释的理解），而在于病人在分析过程中，"以创造性的方式抵达理解本身，并从中体验到深切的喜悦"。温尼科特关注的是这一心理过程本身，而非那最终被抵达的"理解"。

温尼科特（1969a）曾描述了某些病人，他们在早期生命阶段无法充分地"存在"于某些经历之中，因为这些经历实在过于痛苦。"我们如今发现，这些体验在移情关系中被重新唤起并等待修复；它们更多的是供病人去经历，而不是供分析师加以解释。"（p.242）温尼科特（1971b）在更广泛的语境中进一步阐明了这一点：

我们所试图帮助的人，可能会期待在我们解释他们的状态时，感受到一种被治愈的体验……然而在这类治疗工作中，我们知道即使解释是正确的，也可能无济于事。病人真正需要的，是在专门的治疗性环境中所获得的一种新的经验。

（p.55）

换句话说，某些"必须被记起的疯狂，唯有通过重新经历，方能真正被记起"（Winnicott，1965，p.125）。

在本体论精神分析中，衡量心理转变的一个核心标准是病人能否以一种更为真实而鲜活的方式体验自身存在，并且与其真实自我更加贴近。这种变化可能呈现在生命经验的不同层次上，从最原初的状态到最成熟的组织结构。关于早期创伤的处理，温尼科特（1969a）明确指出"理解"的局限："我们如今发现，这些早期未竟的体验在移情关系中被重新唤起并得以修复；但它们并不是用来被解释的，而是用来被经历的"（p.242）。

在温尼科特（1967）的临床工作中有一个核心信念：分析师对病人的"认识"对分析过程至关重要。他如此描述这一观点：

> 婴儿或儿童在母亲的脸上，以及后来在镜子中瞥见自己的模样，这种"被看见"的经验，为我们理解精神分析与心理治疗的本质任务提供了新的视角。心理治疗的本质，并非给予聪明而恰当的解释；它是一个漫长的过程——将病人带来的东西回还给他本人的过程。这是"能够映现真实之物"的面容

在治疗关系中的复杂延伸。我喜欢以这样的方式思考我的工作，并相信只要我做得足够好，病人就能找到他自己的自我，并感受到真实地存在。

（p.117）

比昂（1967a）也为本体论精神分析的发展做出了重要贡献，他强调病人与分析师共同生活在分析性当下的"未知"中。他写道：

> 分析师所需的是一种必须与现实合一的直觉。……那些关于病人的"已知"，不再具有任何意义，它们不是错误的，就是无关的。凡是分析师与病人"已知的"，都已经过时……在分析时刻中唯一重要的是那尚未被知晓的"未知之物"。而分析师必须全然专注于对此未知的直觉。

（p.136）

在此，比昂将精神分析的关注点从对象征意义的理解，转向对现实的直觉，"他必须与现实融为一体"。对于分析师与病人而言，这种与现实的"合一"并非抽象概念，而是在分析关系中真实地经历当下的瞬间。唯有通过这种全然的在场，分析才能触及其本体论层面。在这样的直觉性工作中，分析师必须抵抗记忆与欲望的干扰。记忆指向"过去可能发生过的事情",欲望则关注"尚未发生的事情"(Bion,1967a,p.136)。这两种倾向都会削弱分析师对"此时此地"生命感的敏锐觉察。

比昂(1967b)对"解释"的态度也与弗洛伊德或克莱因迥然不同。他写道:

> 我认为病人所说的内容以及你(分析师)所提供的解释,其实某种意义上并不那么重要。因为当你能够给病人一个他能理解的解释时,真正的工作已经完成。
>
> (p.11)

换句话说,当分析师对会谈中正发生的内容提出解释时,那种促成病人心理变化的、须其亲历的情感过程往往已经完成。比昂进一步强调,他对"病人的理解"并不看重。在分析会谈中,"不应让理解泛滥"(Bion,1967a,p.137),因为理解会破坏分析师与病人共同面对未知的咨询过程。在接受比昂分析期间,詹姆斯·格罗茨坦(James Grotstein)㊀曾在回应比昂的一次评论时

㊀ 詹姆斯·格罗茨坦(James Grotstein)是美国著名精神分析师,深受克莱因与比昂思想的影响。他在继承比昂理论的基础上,对原初无意识经验、自体生成与主体间性进行了深入拓展,被视为"后比昂学派"的代表人物之一。——译者注

说:"我理解了。"比昂则不耐烦地答道:"如果你非得如此,那就绕着理解,并行理解,超越理解——但请尽量不要去'理解'"(Grotstein, personal communication, 1983)。

在这里,比昂强调的是,促成心理变化的不是理解本身,而是那条通向理解之路上被经历的东西。理解不过是经验的结果,而非经验本身。

他甚至明确表示,理解本身可能是一种干扰。在分析过程中,"不应让理解泛滥"(Bion, 1967a, p.137),因为一旦分析师转向解释,就可能放弃了与"未知"的接触。

贯穿比昂全部著作的核心脉络,是一种从对思考内容的研究转向对思考本身的研究(Bion, 1967a, 1967b, 1970)。他关于思考的理论,最终凝聚为一个具有本体论意义的核心概念"O"(Civitarese, 2020)。在他的符号系统中,"O"指向一切的本源:存在、思考、梦、直觉等。我个人对 O 与 K 的理解是,只有当"K"(知晓的体验)源自"O"(存在核心的体验)时,K 才具有价值。唯有当我们的认知出自 O,我们才是真正鲜活地活着。对自身"活着"的体验(O),并不能从"知道"(K)中获得;但更深的理解(K),却可能来自真实地、活生生地体验自己(O)。正如比昂所说:"精神分析的顶点是 O。分析师无法与之等同；他必须**成为**它"（Bion，1970，p.27）。

费伦齐（Ferenczi）对精神分析本体论维度的早期贡献始于 1925 年。只有在温尼科特与比昂的理论得到更完整发展的今天，我们才能更清楚地看出费伦齐理论的重要性。他认为（Ferenczi, 1932, 1949; Ferenczi & Rank,1925），在分析过程中弗洛伊德并未充分重视体验的作用，而是过度强调了理解的价值：

> 通过其他方式（而非亲身体验）所获得的知识，始终缺乏确信的力量，无论它在逻辑上多么具有说服力。
>
> （Ferenczi & Rank，1925，p.27）

> 解释的技术只是帮助理解病人无意识心理状态的手段之一，而不是分析的目的，更不是分析的首要目的。
>
> （Ferenczi & Rank，1925，p.29）

> 因此，我们［费伦齐与兰克（Rank）］最终认为，在分析技术中，真正起核心作用的应是"重温"（即在分析关系中的再次体验），而非"回忆"（一种认知性而非情感性的现象）。
>
> (Ferenczi & Rank，1925，p.4）

在这些论述中,费伦齐和兰克的观点与温尼科特和比昂一致:理解(或解释)可以从体验中产生,但真实的体验并不会从理解中诞生。

总的来说,当我使用"精神分析的本体论维度"这一术语时,指的是分析过程中关涉"存在"与"成为更真实的自我"这一面向。这种自我的演变发生在分析关系所构成的经验性场域中——在那里,病人以一种对其来说"感觉真实"的方式被分析师所认出。在我看来,使用所谓"技术"(即某一分析谱系发展出的精神分析实践方法)与本体论精神分析是相悖的。一套既定的方法论会限制自发性,而自发性正是分析过程本体论维度工作的关键条件。我更倾向使用"风格"一词来描述分析师如何发展出他自己作为分析师的存在方式(Ogden,2007)。

临床案例

接下来,我将提供一些临床案例,说明精神分析实践中的本体论维度。这些案例所描述的都是特定分析师和特定病人在特定分析情境中共同创造的分析时刻。这种情境具有独特性,不可能由其他分析师与病人的组合重现。每一对分析师和病人都必须共同重新创造属于他们自己的精神分析(Ogden,2018,p.57)。

我必须给你画张图吗

当我第一次在等候室见到 L 女士时,她看起来二十多岁,坐在椅子上随意翻看杂志,在抬头看我之前一直显得有些无精打采。在那一刻,我感到一种奇怪的角色倒置感,仿佛是我在等着见她。终于,她抬起头,用疲惫的眼神看了我一眼,好像我是酒店服务员,手里拿着一份她并不急需的口信。

当我们走进咨询室,我坐下后注视着她,给出一种邀请她开场的目光。而她只是期待地看着我。

在短暂的沉默之后,我问:"我们从哪里开始呢?"

她望着我,答道:"我猜,我该告诉你我为什么来见你,我的父母是怎样的人,我的童年发生了些什么。通常不就是这样进行的吗?"

"我不知道事情通常是怎么进行的。"

"别跟我玩花样。"

"我没有玩花样。"

"我以前接受过心理治疗。我知道你们都有自己的套路,所以你能不能直接告诉我,你的套路是什么?"

"我只是与眼前的人交谈,然后看看会发生什么。"

"你问问题,我回答,对吗?"

"我从来没这么认为。"

她冷笑了一下,扫了一眼房间说:"这是个相当小的地下室。是你的房子？"

"是我工作的地方。"

她继续道："我猜你觉得自己很聪明，知道如何树立权威感。你现在就是在做这个，对吧？"

"我感觉你并不介意我具体在做什么，只要你能理解我是怎么做的。"

"是啊，这不就是我刚才说的吗？我必须给你画张图吗？"

"你愿意吗？"

"愿意什么？"

"给我画张图。"

"你是认真的吗？"

"我是。"

她问道："你有蜡笔和涂色书吗？"她似乎对此感到些许好奇。

我回答："没有，只有一个纸质笔记本和一支铅笔。"我翻找椅子旁的篮子，拿出一个线圈笔记本和一支铅笔，递给她。

她接过纸和笔，问："你在干什么？"

"我邀请你给我画张图。"

"我没什么好画的。"

"那或许你的第一幅画，可以是一张空白页。"

"我什么都不想画。"她说着,把笔和本子紧紧抱在怀里,好像怕我会把它们拿走似的。

"没关系,我很喜欢你的第一幅画。"

"你说什么?"她看着我。

"这张空白页就像一本书的扉页。一本扉页空白的书总会让我很好奇。"

"你简直是在胡说八道。"

"我是认真的。"

"这完全是浪费时间……我以前在学校表现很好,也有朋友。可是到了初中,我开始无法集中注意力,也坐不住。他们把我放进一个给愚蠢孩子的班级,我在那里无聊得快疯了,感觉自己被关进了一个没有窗户也没有门的牢房里。"

"时间无尽,地方无法逃脱。"

"没错。"她短暂停顿了一会儿,然后问道:"难道你就不打算说点儿什么吗?"

"我在思考。"

"你在想什么?"

"难道我不能保留一点儿隐私吗?"

"你到底在做什么?"

L女士将笔记本放在交叠的膝盖上,开始随意画了几笔。她似乎对自己画出的内容产生了一些兴趣,又继续多

第1章　认出我：临床实践中的本体论

画了一会儿。然而，很快，她突然停下，把纸从本子上撕下来，揉成一团，随手扔到一旁的地板上。

"画画是一件很困难的事情。"我说道。

"我根本没什么可画的。"她轻声回应。她把那张纸从地上捡起来，再次抱在胸前，双臂紧紧交叉，将纸牢牢地护在心口。

我继续说道："你刚刚已经开始画了一些东西，但又停了下来。我觉得，你可能经常有这种感受。"

"一直都这样。"她低声回答。

"虽然这种感觉很糟糕，但它是真实的。"

"这对我有什么好处？"她问道。

"这是一种开始，即使它看起来不像是开始。"

L女士的眼泪开始落下来。"你现在真的让我很难受。我不需要你来祝贺我什么都画不出来。"

"虽然你觉得自己什么都画不出来，但你仍然尝试了一下。"我回应道。

"我看不出有什么好处。"

"或许你这样做，是在告诉我一些关于你为什么来见我的事情。"

她沉默了一会儿，然后轻声说道："或许吧。"

在这段对话中，L女士和我共同经历了她难以用言语表达的一种愿望。她希望创造出某些能够反映她内在状态的东西，能够呈现出她在治疗中渴望达到的目标。然而，在这个尝试的早期阶段，她很快便陷入了停顿。由于无法通过语言来描述这些情绪状态，她只能通过一系列与我的互动来表达和沟通。

我对自己与 L 女士之间那些自发的言语和行为感到惊讶，同时也意识到我似乎正在为她创造出一种精神分析形式——这种形式对我而言既陌生又熟悉。在这次会谈中，我大部分时间都感觉自己被一种情感过程的力量所引导。在这个过程中，L 女士与我正在共同创造一些我们双方都无法用语言描述的东西。我们所做的，可以用诗人谢默斯·希尼（Seamus Heaney）所描述的"对无法言说之物的突袭"（1978，p.47）来形容。这些不可言说的意义首先在体验中浮现，然后才可能被认知、被说出，最终成为可以理解的意义。

从这个角度看，精神分析的本体论维度——即与"存在"和"成为"相关的层面——在我描述的这部分会谈中起到了核心作用。L 女士最初甚至无法向自己，更不用说向我表述她所感受到的状态：她觉得自己既不真实，也不鲜活，仿佛无法通过一种真正属于她的创造性方式来复苏。关于这些问题的交流只能在分析的体验过程中逐渐展开。L 女士的体验是她未能将我归入某种"预设模式"的经历；也是她尝试进入一个创造性的自我状态，却在初期

第1章 认出我：临床实践中的本体论

阶段便感到受挫的经历。在这次交流结束时，我向 L 女士提供了一个初步的理解。这些体验为她的自我理解奠定了基础，并部分揭示了她来见我的理由。我对她说："或许你正在告诉我一些关于你为什么来见我的事情。"她沉默片刻，随后回答："或许吧。"这之前的整个体验是病人和我都需要经历的：只有通过体验，我们才能理解彼此间发生的事情，并且这种理解才会对我们双方来说具有真实感。

你根本还不知道一半的情况

N 女士，一位五十多岁的女性，第一次会面时对我和精神分析充满了怀疑。她开门见山地说，她不喜欢去见精神科医生，因为她并不愚蠢；她知道精神科医生是为了开药受训的，而不是与病人深入交谈。

她说："有人告诉我你是个作家，但这对我毫无吸引力。说实话，我很清楚，精神科医生写书只是为了满足自己的虚荣心，就是为了看到自己的名字出现在印刷品上。老实讲，我还知道心理治疗师的收费已经高得离谱，而精神科医生的收费更是天价。"

随着会谈的进行，她补充道："如果我要完全坦诚地告诉你，那么我觉得你那个冰冷无窗的候诊室对病人是一种冒犯。在见到你之前，我就能看出你对这些细节完全不上心。"

我很难完全严肃对待她的批评。她的语调、语速和面部表情让我感觉,连她自己都未必真的相信这些指责。

我回答:"你才知道一点点呢。"

她反问:"你不是认真的吧……你是吗?"

"我是认真的。"

"继续说下去……"

在这之前,N女士从未真正直视过我的眼睛。她的目光总是穿过我,仿佛在看我背后的人。然而在这一刻,她的目光与我的目光相遇,脸上闪过一抹罕见而真诚的微笑。

在这一瞬间,我既没有保持沉默,也没有提问,更没有用类似"第一次见我肯定让你感到很危险"之类的解释来回应她的感受。相反,我简单地说道:"你才知道一点点呢。"这句话是对她的语气和表情中隐约流露出的一丝幽默与玩笑意味的直接回应。那一刻的感觉,就像她在邀请我加入她对我的某种漫画式的描述。当她的目光首次与我的目光相遇并露出那一丝真诚的微笑时,我感到了一种鲜活的互动氛围——这正是我们可以开始深入分析的基础。

我的评论本身带着一种游戏的意味。直到后来回想时,我才意识到,自己其实是在即兴回应一种每次分析开始时都会出现的典型情景：病人不知道接下来会发生什么，而我也不知道他为何而来，分析将如何发展，以及我们又会在分析中成为什么样的人。

我描述的这一分析时刻之所以具有本体论的特质，是因为它的核心并非关于病人如何理解自己，而是关于她在此刻的存在状态，以及她正在成为怎样的人。这种本体论的转化不是通过分析式的解释来完成的，而是通过一种直接的生命体验：在那一刻，病人在我身上看到了自己，并且被我真实地识别出来了。

你在那里

在我担任面向青少年的长期分析住院病房的精神科医生期间，亚历克斯成为我的一位病人。当时他是一名19岁的年轻人，身材瘦小，面无表情，曾经历过伴有幻听和偏执的精神崩溃。他的语言难以理解。从四五岁起，他在社交关系方面就有很大困难，甚至与父母的关系也充满紧张。他大部分时间都独自待在自己的房间里。住院后，他常常躲在床上的被子下面。

在我们工作的某个时刻，我注意到亚历克斯表现出了一种新的开放态度。我们每周见面5次，最开始时间很短。最初几个月中，会谈大多是沉默的，亚历克斯的目光一直盯着地板。偶尔，我会告诉亚历克斯，当我与他坐在一起时，我的感受是什么。当他开始开口说话时，他的声音柔软且带着一种尖细的音调，仿佛来自另一个世界。他的言语似乎试图形成一种陈述或问题，但最终却变得支离破碎。随着时间推移，他开始能说出较为连贯的句子，但情感几乎完全缺失，使得他的讲话显得平淡、单调。

在我们工作大约八个月后，亚历克斯以他一贯的平淡方式告诉我，他的父亲前一天来探望了他。"天哪，他真难看。"他说。

我回应道："你知道刚才说这话的人叫什么名字吗？"

亚历克斯听了我的问题，感到惊讶。他罕见地抬起目光看着我，放弃了他惯常的低头姿态。这一刻让我印象深刻，因为这标志着亚历克斯开始向我敞开心扉。这一刻具有本体论的意义，因为它涉及我对亚历克斯的认同——他开始敢于以一个有思想和有情感的身份面对自己的存在。在我说"你知道刚才说这话的人叫什么名字吗"时，我其实是在对他说："你在那里。"这一句话反映了他短暂地进入了与我共同在场的状态。

盒饭时光

W先生在年近60岁时，开始见我的一位分析同事，M医生。他告诉M医生，自己过去曾找过两位分析师，但都没有坚持下去，因为他"无法忍受与分析师之间的权

第1章　认出我：临床实践中的本体论

力差距"。他回忆说，第一次躺在治疗椅上接受分析时，还没结束就中途离开了。他提到自己已经结婚30年，有两个已经成年的孩子。当时的W先生显得非常脆弱，M医生并未催促他多谈。

第一次会面结束时，M医生说："我们不做分析，好吗？我们来一起吃午餐——你带你的盒饭，我带我的。"

他们就这样每周带着各自的午餐见面，持续了许多年。W先生喜欢艺术，经常和M医生谈论本地、全国乃至世界各地博物馆的展览。他说，自己与妻子相处最和谐的时光，都是在艺术馆或博物馆，因为妻子欣赏他的艺术品位。M医生理解，W先生谈论艺术，其实是在表达他的内在世界和他与重要他人之间的关系，但他从不指出这层含义。天气晴朗的时候，他们会坐在公园长椅上；天气不好或太冷时，则在M医生办公室的两张扶手椅上交谈。直到多年以后，W先生才开始和M医生谈起他的近况以及童年的生活。他说，自己经常控制不住愤怒的爆发，这不仅吓到了妻子和孩子，也让他自己感到害怕。又过了相当长一段时间，他才告诉分析师，他从小受到哥哥的欺负，以及那种一直缠绕着他的感觉——觉得自己是个软弱的人，缺乏男子气概，这种感觉直到今天仍未消退。在整个过程中，M医生始终让W先生主导他们工作的每一个转折点。直到多年后，W先生终于哭着谈起自己在儿子年幼时打过儿子，并表达了他多么希望能撤回那个行为。也正是在这个基础上，他终于能够与儿子谈论那次行为所带来的遗憾与悔意。

在我看来，M 医生为 W 先生所发明并与他共同创造出的这套精神分析形式，是这位病人最为关键，也最能带来改变的部分。理解是在之后逐渐浮现出来的；但若没有此前这些真实的体验，那些理解本身也不可能发生。

M 医生为 W 先生量身打造的分析过程，正体现了精神分析的本体论维度：分析师精准地认出了病人是谁，并以一种帮助他更真实地进入"存在"的方式对其做出回应。关于 W 先生对自己"软弱"与"缺乏男子气概"的感受，那些日后形成的理解，始终与被分析师真实地看见、接纳的体验密不可分。

我对 M 医生与这位病人之间所共同创造出的这段分析过程怀有深深的敬意。我常常回想起这个案例。这种分析形式不是我可以复制的。我当然也渴望能创造出类似的分析，但我也明白：这个世界上，没有哪两位分析师会以完全相同的方式进行分析。

晚上的一个电话

V 先生告诉我，他来做分析是"为了更多地了解自己"。这是一个模糊的说法，在我看来，这种表达反映出他可能在隐藏某些秘密,或者他尚未将自己视为一个"有问题需要被分析"的人。

几个月的分析之后,他才含糊地透露,他已经与自己十岁的女儿同床共眠超过一年,而他的妻子则独自一人睡在主卧。他口头上承认,这种安排对女儿和妻子而言可能都是不合适的,但他并未真正表现出在意的态度。在与我的互动中,他将我当作朋友,而不是分析师,试图模糊我们之间的角色边界——象征性的代际差异。我明确要求他停止与女儿同床。他后来告诉我,他已经照办了,但我并不相信。

有一天晚上,我接到了 V 先生的电话。

"我们有个问题,"他说,"我现在在警察局,因为酒驾被抓了。"

我脱口而出:"不是'我们'有问题,而是'你'有问题。"

他沉默片刻,随即以讽刺的语气回应道:"谢谢你的帮助,医生。"

在我对 V 先生说出那句话的当下,我们共同创造了一种现场体验。它所带来的冲击力,远远超过任何诠释性的评论,比如"你不喜欢自己受制于那些并非由你制订的规则"。在那次简短的通话中,我直接让他面对这样一个现实——我们之间存在着角色差异和代际差异。这不仅是他与我之间的区别，也是他与他女儿之间的区别。同时我也让他面对一个事实——他并不是规则的制定者，他必须遵守这些规则。

V先生成长于代际界限极其模糊的家庭结构中。他曾告诉我，自己从小就被要求照顾酗酒的母亲，父亲则完全推卸了家庭责任。作为一个孩子，他被迫承担起一种"伪成人"的角色，却根本无力胜任。在我看来，V先生之所以会不自觉地进入分析，正是出于一种想要处理"代际差异"及"父之法"⊖（借用拉康的说法）所带来的困惑的需要——这些困惑也体现在他与女儿建立了一种乱伦意味的关系上，那种关系既让他感到兴奋，又令他深感厌恶。

我在那通电话中的介入，体现了当时分析工作所展开的本体论维度。在他因违法而陷入困境的问题上，我不会与他站在同一阵线。我在划出一道界限，标示出我们之间的不同——无论是在他对乱伦关系禁令的无视上，还是在我们之间象征性的代际差异上。在我所描述的这个时刻，对于这位病人而言，"理解"毫无价值。我们的沟通，必须通过彼此共同创造的经验来展开。

⊖ "父之法"是拉康用来指代象征秩序的核心禁令，通常由父亲角色体现，其作用是设立界限、制止乱伦欲望，引导个体进入社会规范。——译者注

第1章 认出我：临床实践中的本体论

金属笼子里的老鼠

T先生是一位三十多岁的男性，在分析的第四年里某个周一来到会谈时，面色苍白、声音颤抖地告诉我，家里出现了老鼠。他已经请来了一位害虫防治人员，在那人认为老鼠可能出入的地方设置了捕鼠器并堵住了缝隙。尽管已经采取了这些措施，T先生仍能听到卧室天花板和墙壁里老鼠奔跑的声音。他语速极快，似乎想一口气把整个故事讲完。他说："我很怕老鼠会趁我睡觉时爬上床咬我，就像《一九八四》中那个把老鼠关进金属面罩、套在人脸上的酷刑一样。"

我对他说："你不是害怕，你是惊恐万分。"

我这么说之后，T先生明显安静了下来，情绪也缓和了一些。我的这句话或许可以被称作"共情"或"理解"，但我并不觉得自己是在进行某种技术性的回应。它更像是我在那个瞬间，辨认出病人真正的状态——我认出了他是谁。这种识别传达出一个信息：我深刻地看见了他，因此他不再是孤身一人。

我之所以提及这个分析时刻，是因为它深刻体现了"认出病人是谁"的重要性，这在整个分析过程中具有关键意义。所谓"害怕"，意味着某个东西被感受到具有威胁和危险性；而"惊恐"，则是一种被击中、瘫痪、无助如婴儿的状态，是面对核心自体即将被侵犯时的深切恐惧。我当时的话语具有本体论意义——因为对于他而言，被认出他真正的存在状态才是最有价值的。这使他不再孤单。

小结

在我前述的临床片段中，病人（以及分析师）逐步"成为更完整的自己"的过程，是在一种特殊的体验媒介中发生的——在这些体验中，病人感受到自己是被分析师深刻地"认出"的此时此刻这个人，也是在成为中的这个人。这类体验发生于一种特殊的分析关系之中，其中病人与分析师共同创造出一种只有他们两人才能共建的分析形式。分析师并不是在执行某种技术，而是在以他作为分析师的"本来之身"在工作，运用自己逐渐发展出的个人风格，并在过程中保持自发性。正是所有这些因素共同构成了精神分析的本体论维度。

注释

1. 弗洛伊德（1926）主张使用简单的代词"the it"和"the I"来指称心理结构的两个部分，以避免抽象的希腊术语。

参考文献

Bion, W. R. (1967a). Notes on memory and desire. In *Wilfred Bion: Los Angeles Seminars and Supervision*, ed. J. Aguayo & B. Malin. London: Karnac, 2013, pp. 136–138.

Bion, W. R. (1967b). First seminar: 12 April 1967. In *Wilfred Bion: Los Angeles Seminars and Supervision*, ed. J. Aguayo & B. Malin. London: Karnac, 2013, pp. 1–31.

Bion, W. R. (1970). *Attention and Interpretation*. London: Tavistock.

Civitarese, G. (2020). The limits of interpretation. A reading of Bion's "On Arrogance." *Int. J. Psychoanal.* 82: 236–257.

Ferenczi, S. (1932). The Clinical Diary of Sandor Ferenczi, ed. J. Dupont, trans. M. Balint & N. Jackson. Cambridge, MA: Harvard University Press, 1995.

Ferenczi, S. (1949). Confusion of the tongues between the adults and the child (The language of tenderness and of passion). *Int. J. Psychoanal.*, 30: 225–230.

Ferenczi, S. & Rank, O. (1925). *The Development of Psycho-Analysis*. Mansfield Center, CT: Martino Fine Books, 2012.

Freud, S. (1900). The Interpretation of Dreams. *S. E.*, 4–5. London: Hogarth Press.

Freud, S. (1926). The Question of Lay Analysis: Conversations with an Impartial Person. *S. E.*, 20. London: Hogarth Press.

Freud, S. (1933). New Introductory Lectures on Psychoanalysis. *S. E.*, 22. London: Hogarth Press.

Heaney, S. (1978). *Preoccupations: Selected Prose, 1968–1978*.

London: Farrar Straus, p. 47.

Klein, M. (1932). *The Psychoanalysis of Children*. London: Hogarth Press, 1949.

Klein, M. (1975). *Envy and Gratitude and Other Works, 1946–1963*. New York: Delacorte Press/Seymour Laurence.

Laplanche, J. & Pontalis, J.-B. (1973). *The Language of Psycho-Analysis*. New York: Norton.

Ogden, T. H. (1994). The analytic third – Working with intersubjective clinical facts. *Int. J. Psychoanal.* 75: 3–20.

Ogden, T. H. (1995). Analysing forms of aliveness and deadness of the transference-ountertransference. *Int. J. Psychoanal.* 76: 695–710.

Ogden, T. H. (2004). This art of psychoanalysis: dreaming undreamt dreams and interrupted cries. *Int. J. Psychoanal.* 85: 857–878.

Ogden, T. H. (2007). Elements of analytic style: Bion's clinical seminars. *Int. J. Psychoanal.*, 88: 1185–1200.

Ogden, T. H. (2018). How I talk with my patients. *Psychoanal. Q.* 87: 399–414.

Ogden, T. H. (2019). Ontological psychoanalysis or "What do you want to be when you grow up?" *Psychoanal. Q.* 88: 661–684.

Ogden, T. H. (2020). Toward a revised form of analytic thinking and practice: the evolution of analytic theory of mind. *Psychoanal. Q.* 89: 219–243.

Winnicott, D. W. (1965). The psychology of madness: a contribution from psychoanalysis. In *Psychoanalytic Explorations*, ed. C. Winnicott, R. Shepherd & M. Davis. London: Karnac Books, 1989, pp. 119–129.

Winnicott, D. W. (1967). Mirror-role of mother and family in child development. In *Playing and Reality*. New York: Basic Books, pp. 111–118.

Winnicott, D. W. (1969a). The use of an object in the context of Moses and Monotheism. In *Psycho-Analytic Explorations,* ed. C. Winnicott, R. Shepherd & M. Davis. London: Karnac Books, 1989, pp. 240–243.

Winnicott, D. W. (1969b). The use of an object and relating through identifications. In *Playing and Reality*. New York: Basic Books, pp. 86–94.

Winnicott, D. W. (1971a). Transitional objects and transitional phenomena. In *Playing and Reality*. New York: Basic Books, pp. 1–25.

Winnicott, D. W. (1971b). Playing: creative activity and the search for the self. In *Playing and Reality*. New York: Basic Books, pp. 53–64.

第 2 章

活着意味着什么：
存在的悖论与中间经验的真实
——论温尼科特的《过渡性客体与过渡性现象》

在《过渡性客体与过渡性现象》(Transitional objects and transitional phenomena) 中，温尼科特 (1971a) 首次系统性地处理了一个复杂却核心的主题——描述"活着"这一经验的起源。他认为，这种感受到自己在"活着"的存在状态根植于婴儿期的早期经验，并贯穿整个生命历程。在这篇论文发表之前，精神分析领域几乎未将"活着"视为一种可被主观体验的存在状态加以讨论。而在发表之后的半个多世纪里，这篇文章依然被视为精神分析领域最具影响力的经典文献之一。

我将从三个方面来解读温尼科特的这篇论文。第一部分聚焦于其理论结构；第二部分关注温尼科特在1971年最终定稿中新增的临床材料；第三部分则分析我自身的临床工作中的一个片段。在那次分析中，分析框架的一次根本性转变，促使病人开始真实地感受到自己的情绪体验。

第 2 章　活着意味着什么：存在的悖论与中间经验的真实

中间空间

《过渡性客体与过渡性现象》最初于1951年在英国精神分析学会宣读，1953年经修订后发表于《国际精神分析杂志》（International Journal of Psychoanalysis）。1958年，温尼科特将进一步修改的版本收录于《从儿科到精神分析》（Through Paediatrics to Psychoanalysis）（1958a）一书中；最终定稿则收入他辞世之年出版的《游戏与现实》（Playing and Reality）（1971b）。[除非另有说明，本章所有引文均出自最终版本（1971a）。][1]

在我看来，温尼科特在整篇文章中都像是在向弗洛伊德与克莱因发言。他似乎对自己所提出的这个用于诠释人类经验的全新概念是否会被接受，始终怀有保留与不安。

在文章开篇，温尼科特写道：

> 我引入"过渡性客体"与"过渡性现象"这两个术语，用以指称一种经验的中间区域，介于婴儿的拇指与他的泰迪熊之间，介于口欲阶段的情感与真实客体关系之间，介于原初的创造性活动与对已内摄内容的投射之间，介于对依赖关系的原始无

觉察状态与对这种依赖的承认之间（例如，学会说"谢谢"）。

（p.2）

温尼科特仅用一句话便描述了体验"中间空间"的四种方式——每一种都扎根于弗洛伊德与克莱因所确立的发展路径中。而温尼科特真正的独创性，在于他将婴儿对过渡性客体与现象的体验，定位在这些既有发展阶段之间的间隙之中。正是在这些"已知的阶段"之间的空白处，温尼科特开创了一种全新的精神分析概念：体验不是简单地归属于某一阶段，而是在阶段与阶段之间的"中间空间"中被创造出来的。

"中间空间"这一概念贯穿于温尼科特整个分析理论的核心结构之中。例如分析中"已然发生的事件"与病人"担心即将发生的事件"之间的空间（Winnicott, 1974）；母亲与婴儿之间"存在但又无法存在"的潜在空间（Winnicott, 1971c, p.107）；"婴儿摧毁母亲"与"母亲在这破坏中得以幸存"⊖之间的空间（Winnicott, 1969）；以及婴儿"独处"与"在母亲在场中的独处"之

⊖ 在破坏中幸存（surviving destruction）：温尼科特创造的术语，指婴儿在幻想性"摧毁"母亲后，发现母亲仍然存在、未被破坏，从而建立起对母亲作为独立他者的信任。是"客体使用"概念的核心组成部分，标志着从主观客体到现实客体的转化过程。——译者注

间的体验过渡（Winnicott，1958b）。对于温尼科特而言，"一与二之间的空间"并不是数学意义上的 1¼ 或 1½，而是属于另一种维度的体验空间，它同时具有真实与幻觉的属性。如果无法在此中间空间中产生一种新的体验秩序，主体便无法获得生命的活力（Ogden，1995）。

温尼科特接着描述了婴儿或年幼儿童在早期发展阶段中所呈现的一些过渡现象：

> 按照这一定义，婴儿的咿呀学语以及年纪稍大的儿童在入睡前反复哼唱歌曲或旋律，都属于作为过渡现象"中间空间"中的表现形式。
>
> （p.2）

尽管关于婴儿如何从"手－口"动作发展到"手－生殖器"活动的研究已相当丰富（p.3），但有关婴儿如何逐渐发展出与"真正的非我客体"的健康互动能力，以及他们为何倾向于"将非我客体编织进个人经验模式"（p.3）的过程，文献却寥寥无几。温尼科特所用的这一表述令我印象深刻："将非我客体编织进个人模式"。这句话恰如其分地呈现了婴儿在经验过渡性客体时所涉及的心理结构：这些客体既代表了婴儿与"非我"最早的接触，同时又被婴儿嵌入其极度主观化的个人经验之中——而这一切，正发生在婴儿成为"一个主体"的早期阶段。在母亲的帮助下，婴儿逐渐学会如何维持"成为独立个体"这一过程中的微妙平衡：创造出一个处于"主观感知与客观感知之间的中间空间"（p.3）。虽然过渡性客体看似是由婴儿自主创造的，但事实上，他（她）之所以能够这样做，正是因为"母亲恰好在婴儿准备好创造的那个时刻，将真实的乳房放置在了正确的位置"（p.11）。

与过渡性客体建立关系，意味着婴儿对其"全能感"的某种让渡（p.5）。也就是说，这一客体并不会被婴儿完全体验为由自己"创造"出来的对象（p.5）。过渡性客体是有弹性的：它"既会被亲昵地拥抱，也会被兴奋地爱抚，甚至会被残忍地摧毁"（p.5）。在婴儿的感知中，这个客体似乎"会发热、会动……或表现出某种迹象，仿佛它拥有自身的生命力或真实存在"（p.5）。关键在于，婴儿必须体验到它是一个"非我占有物"（p.1）——这个客体是"属于我"的，但又不是"我"本身，它既不完全在内，也不完全在外，恰好处于婴儿自我与外部世界之间的中间区域。温尼科特指出，"过渡性现象的模式大约在婴儿6~12个月时开始出现"（p.4）。

"（过渡性客体）的意义不在于其象征价值，而在于它的真实存在。"（p.6）与过渡性客体的关系是一种体验：一个客体作为具体存在的实物被感知，并在其自身的存在中具有意义，而不仅仅是其所具有的象征性功能。

第 2 章 活着意味着什么：存在的悖论与中间经验的真实

"过渡性客体"这一术语通常被用来指代一种物品，它帮助儿童从与"主观客体"（即内在世界中的投射性表征）关联的阶段，过渡到与"客观感知的外在客体"关联的阶段。这种理解方向并非错误，但对过渡性客体的理解实在过于狭隘。在我看来，温尼科特在谈论"过渡性客体"与"过渡性现象"时，所关注的并非某种"发展性思维"的延伸。相反，他的设想几乎是与"发展性思维"背道而驰的——后者本质上是线性的，遵循时间顺序、因果逻辑与对立结构。而温尼科特对"中间空间"的构想，正是对这种思维方式的根本拒绝。他始终坚持精神分析若要真正理解人类的体验，就必须超越那种建立在二元对立之上的概念框架，转向一种截然不同的理解方式。他指出，我们无法将人类的体验简化为两个部分：一部分是个体与其"人际现实"的体验——其中包含所有幻想内容与被压抑的无意识（p.2）；另一部分是个体对其"内在现实"的体验（p.2）。

我的主张是，如果我们必须做出这样一种"两分式"的划分，那么我们同样有必要提出一种"三重结构"的表述。人类经验中那"第三部分"——我们绝不可忽视的一部分——是一个位于内在现实与外在生活之间的体验的中间区域。

（p.2）

尽管过渡性客体与过渡性现象确实有助于个体的心理成熟，但它们并不仅仅是发展历程中的阶段性环节。它们构成了一种特定的体验形式，即使在"自体－客体分化"完成之后，依然持续存在。它们是"迈向再次体验之进程的一段旅程"（p.6），属于体验本身演化的一个维度。正如温尼科特所言，它们是"我们栖居的所在"（Winnicott，1971c）——在其中，我们对自己与世界的体验才是鲜活而真实的。

在温尼科特的思想中，动词形式的"体验"（experiencing）至关重要，它区别于名词性的"体验"（experience）。在他所提出的"人类经验的三重结构"中，这"第三部分"——心理与身体生活之间的中间区域——始终处于流动、生成与转化之中。它总是在飞翔，在变化，从不停歇。

> 这一体验的中间区域并不受到挑战，因为它从不诉求自身之外的任何意义。它只是为了个体的存在而存在，为的是提供一个栖息之所，使其能够从事那项永无止境的人类任务——维持内在现实与外在现实的区分，同时保持二者之间持续不断的联结。
>
> （p.2）

第 2 章　活着意味着什么：存在的悖论与中间经验的真实

正是在这一区域之中，一个"栖息之所"得以形成。在那里，婴儿既不受内在世界的要求，也不受外在现实的驱使——没有人要求他回答这样的问题："你此刻所经历的，究竟是幻想，还是现实？"

让我感到惊异的是，温尼科特在论文开头所引入的那种对人类体验的全新精神分析理解，其根基竟然是所有曾与婴儿或儿童相处过的人都非常熟悉的一些事实。例如，我们见过婴儿自言自语；见过孩子在无人倾听时唱歌或哼唱旋律；见过他们对毛毯的缎边、某块特定丝质布片的深深依恋；也见过一个或一群孩子极其投入地"认真"玩耍——那种全身心的沉浸与专注。直到 1951 年，温尼科特首次宣读这篇论文的初稿，这些看似平凡的现象才被用来重新奠定我们对人类一切体验的根本性质的理解：鲜活与死寂的感受、真实与虚假的感受、真诚与不真诚的感受。

温尼科特也以另一种方式表达了他对过渡性客体体验所具有的共同特征的理解：

> 关于过渡性客体，可以说，它代表了我们（成人）与婴儿之间的一种隐性约定。我们从不会追问，"这是你想象出来的，还是外部给予的？"关键在于，我们不需要对追问做出任何决定——我们根

本不去问它。这个问题本身就不该被提出来。

(p.12)

在这里,温尼科特将过渡性客体的创造定位于一个特定的区域:婴儿既是在主动地构思(或想象)这个客体,同时又是在被动地接受——在对它的"发现"中,通过客观感知将其纳入自身的经验。而在成人与婴儿之间,似乎存在一种隐性的约定——永远不要去询问,这个客体究竟是被创造出来的,还是被发现的。过去,每当我读到这段文字,我都会觉得,自己终于理解了"过渡性客体"与"过渡性现象"这两个术语的意义。但现在,当我再次读它时,我觉得这段话过于清晰了。对我而言,它的局限恰恰在于解释得太过彻底:它说的是一种父母与婴儿之间的协议——不去追问婴儿到底是创造了这个客体,还是发现了它。这个问题根本不会被提出,甚至连"是否要提出"这个念头都不会浮现。但这些术语无法真正帮助我理解在实际体验中究竟发生了什么。譬如,当我写下这段文字时,那种体验是如此不同寻常,钟表时间仿佛消失了,取而代之的是"梦的时间"与"梦的空间",以及一种与我在日常生活中大多数时刻所熟悉的"自我"完全不同的存在感。那个介于"创造"与"发现"之间、无法被质疑的中间空间——温尼科特称之为"属于艺术、宗教、富于想

第 2 章　活着意味着什么：存在的悖论与中间经验的真实

象力的生活，以及创造性的科学工作"（p.14）——对我而言，依然是一个谜，一个无法穿透的谜团。它无法被"创造""发现""不追问"这样的术语所框定；它始终令我感到神秘，感到敬畏。

温尼科特似乎也意识到，这个生成幻觉的中间空间始终是一个不可穿透的谜。他写道：

> 关于幻觉（即过渡性客体与现象）这一主题，它是人类所固有的经验领域。没有任何个体能够最终为自己解决这一问题。尽管在理论上，我们或许可以构建出某种理解上的解决方案。
>
> （p.13）

在这里，温尼科特似乎在说，他所能提供的仅仅是一种关于过渡性客体与现象的理论性理解——除此之外，他无话可说。然而，这种理论的局限并非一种缺失，而是人类经验本身的一部分，是我们必须学会去承受与容纳的东西。

温尼科特这样描述"放下"过渡性客体的经验：

> 它（过渡性客体）的命运，是被逐渐允许失去其情感的核心地位。多年以后，它并不会被遗忘，而是被置于一个边缘位置……它既未被遗忘，也不

需要被哀悼。它之所以失去了意义，是因为过渡性现象已经被扩展、弥散于整个……文化领域，也就是创造性生活的整体之中。

（p.5）

值得注意的是，虽然温尼科特最初在1951年就已发表了这篇关于过渡性客体的论文，但直到20年后（即1971年《游戏与现实》收录版本），他才首次使用"悖论"一词来描述过渡性客体与现象。而即便在那时，他也仅在论文理论部分的最后一段，用了两句话简洁地提及"悖论"。

从关于过渡性客体与现象的思考中，一个更深层的观点逐渐浮现：悖论一旦被接受，就具有积极的意义。而一旦试图去解决这一悖论，反而会催生出一种防御结构，我们可以在成人的真假自体组织中，看到这一防御的体现。

（1971a，p.14）

尽管这段文字在论文中占据重要位置，但温尼科特仅以"试图去解决这一悖论，反而会催生出一种防御结构"加以点出，使其表述略显节制，未能充分展开悖论所蕴含的深层张力。相较而言，他在《游戏与现实》的引言

(1971d)中,对过渡性客体与现象的悖论特性给出了更为清晰而富有穿透力的表述。《游戏与现实》正是以"过渡性客体"一文为开篇,并在后续章节中进一步拓展了其中的诸多核心主题。

> 我在本书中所要强调的,是婴儿在使用过渡性客体时所涉及的悖论。我所提出的贡献,是呼吁人们接受、容忍并尊重这一悖论,而非设法去解决它。通过逃入分裂的理智功能的确可以"解决"这个悖论,但其代价却是失去了悖论本身的价值。
>
> (p. XII)

"悖论"并不仅是温尼科特用来理解过渡性现象的一种比喻。在我看来,这一说法标志着他找到了一种全新的表达方式,既能够理论性地概念化过渡性客体与现象,也能贴切地描述人们实际经验这些现象时的感受。无论是在过渡性现象的经验中,还是在"悖论"这一说法的结构中,对立都不是互斥的,而是共存的;它们共同生成了一种超越二元对立之和的东西——一种非线性的、无法以其他方式陈述的存在性结构。要维持悖论意味着我们必须从"二级过程思维"中松脱出来,让悖论中的张力开辟出新的可能性,一种超越逻辑思维所能抵达的经验形式。悖论本身正诞生于它所描述的那个经验中间地带。

临床案例：fantas 的若干面

在被收入《游戏与现实》的版本中，温尼科特为《过渡性客体与过渡性现象》一文新增了一节，呈现两个临床案例，旨在展示他如何理解过渡性现象，以及这种理解如何影响了他"所看到的、所听到的，以及所做的"（p.20）。这两段临床材料中，第一个案例曾先后发表于其他文本中；而第二个案例则首次出现在1971年《游戏与现实》的修订版本中。本文将聚焦于第二个案例加以详细探讨，因为在我看来，它以一种极其清晰且深刻的方式，展现了温尼科特与病人共处，以及理解病人的高度临床感受力——同时也为读者保留了充足的空间，使他们能够带着自身的经验进入这段材料，自行阅读与领会。

温尼科特将这个新的临床片段命名为《fantas 的若干面》（p.20）。据我所知，"fantas"是温尼科特为表达一种中间经验而创造的词，它位于"创造出来的语言"与"常规语言"的交界处，与"幻想"（fantasy）相近，却并不相同。

温尼科特在引出这一材料时写道，它展示了"失落感本身，如何成为整合自我体验的一种路径"（p.20）。在我们沉浸于他对这场分析会谈的叙述时，牢记这句话尤为关键。

第2章 活着意味着什么：存在的悖论与中间经验的真实

病人是一位非常聪明的女性，有几个孩子。她带着一系列"通常被归类为'分裂样'（schizoid）的症状"（p.21）前来接受分析。在1971年的语境中，"分裂样"这一术语指的是个体对其内在生活的沉浸与依赖达至极端，以至于在很大程度上与现实中的外部客体隔绝；他们也倾向于大量依赖全能性的思维方式，作为应对内外现实问题的防御机制。尽管如此，这位病人深受欢迎，没有人怀疑她实际上患有严重的精神障碍。

会谈以一个与"对前一位分析师的渴望"有关的梦开始（p.21）。温尼科特没有告诉我们梦的具体内容，但他说这是一个"带有抑郁性质的梦"（p.21）——这暗示它属于克莱因（1935）所称的"抑郁心位"⊖：在这一心位中，自体与客体的分化已然发生，个体的焦虑围绕着丧失与内在的抑郁体验展开。温尼科特指出，这个梦"可以用作解释的材料"，但他却选择不加以解释。正是在这种刻意的保留中，他无声地表达了自己的立场。

"她时不时会被某种也许可以称作'幻想'的东西捕获"（p.21），但在这里，温尼科特并未明确表示他会用"fantasy"来命名这种状态。或许，他会称之为

⊖ 抑郁心位（depressive position）是克莱因提出的婴儿心理结构，指个体开始意识到自己爱与恨的对象是同一个人，因此产生失落与内疚情绪，并萌发修复欲望。——译者注

"fantas"。病人想象自己在一次火车旅行中遭遇事故,而她的孩子与她的分析师都不知道她发生了什么(温尼科特以第三人称称自己为"她的分析师")。她"可能在尖叫",但"她的母亲听不见"(p.21)。紧接着,这位病人谈到了"她最可怕的一次经历":她曾让自家的猫哭了几个小时——没人去安抚它(p.21)。这段记忆"与她整个童年时期的众多分离体验紧密相关",那些分离超出了她所能承受的范围,因而构成了创伤,"并促使她组织起一整套新的防御结构"(p.21)。

温尼科特评论道:"分析中的大量材料都是围绕关系的'负面'面向展开的;也就是说,围绕着儿童在成长过程中不得不经历的——父母的'在场'逐渐失效"(p.21)。在这里,温尼科特借由使用方式,重新赋予了"负面"(negative)一词以新的意义[2]:它既指父母在情感上的逐渐缺席,也指孩子因此遭受的心理性失败或创伤。

这位病人对自己作为母亲的失败感到不安。她讲述了一段经历,在怀第二胎时,她与丈夫去度假,把当时两岁的孩子独自留在家中三天。后来她被告知,在她离开之后,孩子曾持续哭泣了四个小时;而她回到家后,孩子花了很长时间才重新与她恢复联结。温尼科特在此写道:

> 当孩子所面对的分离,以及母亲怀孕的情境,

第 2 章　活着意味着什么：存在的悖论与中间经验的真实

尚无法被赋予任何意义时；当母亲离开去分娩另一个婴儿，却没有一种方式能够将这一经验整合进孩子的心理现实时——从孩子的主观角度来看，母亲已经"死了"。

（p.21-22）

在这里，温尼科特重新界定了"死亡"这一概念——它不再指生物学意义上的终止，而是指在孩子心目中，母亲的"消失"状态：当母亲在身体上与情感上都处于缺席状态，而这种缺席持续发展到了孩子无法理解、无法忍受的程度。面对这种不可承受的缺席，孩子只能通过切断与母亲在心理上的连接来保护自己。温尼科特写道：

"死亡时刻"的来临只是时间长短的问题，可以是几天、几小时，甚至几分钟。在极限到达之前，母亲依然是"活着"的；一旦超过这个限度，她就"死了"。在这二者之间有一个**宝贵的愤怒时刻**——它转瞬即逝，甚至可能未曾真正被体验，仅作为一种潜在的可能性被感知，并伴随着对暴力的恐惧。

（p.22）

温尼科特认为，正是在母亲缺席与"心理死亡"之间,有一个稍纵即逝的窗口——一个孩子可以真正经历愤怒的时刻。这个"宝贵的愤怒时刻"不仅可能缓解分离所带来的情感创伤,还能帮助孩子避免在无法承受失落的情况下发展出新的心理防御机制。我理解,在温尼科特看来,这种愤怒的感受之所以"宝贵",是因为它意味着孩子仍保有某种感知与回应现实的能力。孩子能对正在发生的事情有所觉察,并通过愤怒做出回应;而这个愤怒是向着某个真实在场的他者发出的。这个"他者"必须是能够接住愤怒、承受愤怒、与愤怒共处,并因此而有所改变的客体。我要补充的是,当一次无法承受的分离发生时,最先"死去"的,并不是母亲在孩子心中的形象,而是孩子自己的心灵——一种体验自体的崩解。这才是温尼科特在这里所说的"死亡"的真正含义。

如果孩子无法在那个"宝贵的愤怒时刻"真实地体验愤怒——当他被逼至无法承受的临界点时——这份愤怒便只能作为一种未被经历的可能性存在。由于这份愤怒伴随着对"暴力"的恐惧,它会被压抑,以致无法表达。在我看来,这里的"暴力"并非指向母亲,因为在孩子的主观世界里,母亲已经"死去"——她不再存在;愤怒也因此失去了外部目标,转而指向孩子自己。也正因如此,在分析关系中重新触及那个"宝贵的愤怒时刻",才显得如此危险而艰难:此刻,病人的生命处于岌岌可危的边缘,因

第 2 章　活着意味着什么：存在的悖论与中间经验的真实

为愤怒所能指向的，唯有他自身——在孩子的感知中，唯一仍在场的，只有他自己。温尼科特接着写道：

> 从这里，我们说到两种截然不同的极端情形，一种是当母亲在场时她的死亡；另一种是当母亲无法再次出现、因此无法"复活"时她的死亡。
>
> （p.22）

这两种极端情境，代表着两类本质不同的经验结构：第一种是当母亲在场时，孩子体验到她"死去"的那一刻。这一情境仍保留了一种可能性，即在那个"宝贵的愤怒时刻"，孩子得以表达情绪，并感知到自己的存在。第二种是母亲（乃至孩子本身）的真正"死亡"，即纵使母亲离开、缺席，甚至归来之后，孩子也无法在心理中"留存"她的存在。这位母亲已不再是一个"活着的客体"。

我要补充的是，在此时此刻，孩子也不再体验到自己是活着的。

这位患者大约在 11 岁时，于第二次世界大战期间被疏散到一个寄养家庭中生活：

> 她几乎完全忘记了自己的童年与亲生父母，但在那段日子里，她始终坚决地不称呼照料她的人为"叔叔"或"阿姨"（这在当时是常见做法）。在那

些年里,她成功地不曾以任何称谓称呼他们。这种沉默,本身就是对她有关父母记忆的否定。可以理解,这一模式早在她童年的早期便已确立。

(p.22)

这里,"否定"一词再次出现,并在温尼科特的使用中进一步展开其含义。在这篇文章的前面,它指的是因父母过度缺席所带来的心理性"失败"与伤害;而在此处,它获得了新的维度,这是一种对记忆的否定。这种否定不同于遗忘;它不是自然的、被动的"忘记",而是有意识地不去记住。她拒绝使用称呼,是一种对"替代父母"的强烈抗拒,是对虚假现实的拒绝,是对谎言的抵制,是一种坚持"真相"的方式。这也是一种对"真实缺席"的忠诚。她的寄养父母并不是她真正的叔叔或阿姨,因此她拒绝这样称呼他们。

温尼科特接着写道:

患者进入了这样一种心理状态——唯一真实的,就是空白本身。这种状态后来在移情中再次重演。在那次会谈中,她经历了一种特定的遗忘体验,令她深感困扰。而我最终意识到,对于我而言,真正重要的信息是这样一个可能性——某处存在一块被抹除的空白,而那块空白本身才是唯一的

> 事实，是唯一的真实。遗忘是真实的，而被遗忘的
> 内容，已然不再具有现实性。
>
> （p.22）

对这位病人而言，唯一真实可感的，是"抹除""空白"与"遗忘"本身，而不是那位被遗忘的母亲。什么都没有被遗忘，因为从未有任何真实存在的东西可以被遗忘。她在战争期间被疏散时，所体验到的并非对母亲的"渴望"，而是一种无法言说的失落与空无。在这里，"负面"这一概念又被赋予了一个新的层次：病人的经验呈现出一种悖论性的感受——没有鲜活的事物被失去，但那片空无本身，却被经验为真实且生动的存在。换句话说，"在场"的对立面并不是"缺席"，因为那缺席之物从未真正存在过，也无法从缺席中重新归来。尽管温尼科特本人未使用"悖论"一词，但我认为他在讨论"负面"概念时，已在进行一种悖论式的思考：未被回忆起的，并不意味着被遗忘；因为根本没有任何真实被经验过的东西可供遗忘或记起。缺口、死亡、虚无——这个"什么都没有"本身，才是真实可感的。

需要指出的是，在这篇论文中，温尼科特几乎没有使用诸如"内在客体关系""自我""压抑屏障"或"被压抑的无意识冲突"等术语；只有在谈及其他分析家的观点时，他才偶尔使用"无意识"一词。这并不意味着心理

地形学模型⊖在他脑中不具有组织性作用，但他确实在理论与临床层面，改变了精神分析的语言。他所说的"负面"，指的是一种在"某物缺失"之中却仍被经验为真实的生命状态，它超越了"意识"与"无意识"的传统区分。失忆、缺口、缺席的经验究竟是意识层面的，还是无意识层面的？这个问题本身已不适用。因为"缺席"的在场、空白、失忆或负面经验，弥漫于整个个体之中，无法被划归为意识或无意识的范畴。"鲜活"与"死寂"，"真实"与"虚假"这些存在的质地，超越了"意识/无意识"的分界，它们不受此二元结构的约束（Ogden，2019，2020）。正如温尼科特所言："对我而言，自我（the self）并非自我结构（ego），而是那个'我是我'的主体，一个在成长过程中自然形成的、整合性的生命主体。"（Winnicott，1971e，引自 Abram，2013，p.313）

移情不再只是将分析师当作无意识内部客体或客体关系的投射对象［如同弗洛伊德、克莱因与费尔贝恩（Fairbairn）的定义所示］。对温尼科特而言，移情还指涉病人如何经验分析师是"真实"还是"不真实"，是

⊖ 心理地形学模型（topographical model）是弗洛伊德提出的早期心理结构图式，将心灵划分为意识、前意识与无意识三个层级，采用空间隐喻来描述心理内容的流动路径，为其后"本我－自我－超我"结构模型的发展奠定了基础。——译者注

第2章 活着意味着什么：存在的悖论与中间经验的真实

"活着"还是"死气沉沉"，是"诚实"还是"虚伪"，而且"可以理解的是，这一切的模式都在她的早年儿童时期便已建立"（p.22）。

温尼科特告诉我们，这位病人曾在一次退行过程中，在咨询室里使用过一块"地毯"，但后来她不再使用它。他写道：

> 原因在于，她未去取的那块"地毯"（因此在场上并不存在），比分析师递过来的那块更加真实。而分析师确实曾有过要把地毯递给病人的念头。
>
> （p.22）

温尼科特在这里再次没有使用"我"来指称自己，而是用"分析师"。即使是在谈论他自己感受强烈的事情时，也仍然使用"他"来描述自己，例如"他确实曾动过这个念头"。通过这种写法，温尼科特暗示，他对病人而言（也许对他自己而言），是一个不真实的存在：在移情关系中（也许同时在反移情关系中），他成了病人心中"真实而在场的分析师"的负像。

随后，这位病人对温尼科特说：

> "我的前任分析师永远都会比我的现任分析师对我更重要。"她接着补充道，"也许你能在实际上

帮到我更多,但我还是更喜欢他。即便我完全忘记了他,但这份情感依然是真实的。他的负面比你的正面更加真实[一]。"

(p.22-23)

此时,病人在与温尼科特的对话中流露出明显的敌意。当她称温尼科特为"我的现任分析师"时,她似乎是在用对待养父母的方式对待他——拒绝使用第二人称"你"来称呼对方。尽管温尼科特在身体上是在场的,但对她而言,他并不真实。当病人说"他的负面比你的正面更加真实"时,她引入了"正面"的概念。但此处的"正面"意涵非同寻常,指的是在场却不真实。

在这一时刻,病人与温尼科特共同面对的是一个悖论:缺席的反而更具存在感;而在场的却仿佛是空的、不真实的。这种悖论关系可以被更凝练地表述为"缺席即在场,在场即缺席"。我们常常倾向于以线性的方式去"解释"这种经验,但温尼科特的立场是,只有当这种悖论未被化解时,它所蕴含的真实才得以被感知。

随着分析继续推进,叙述开始变得稍显跳跃。温尼科

[一] "他的负面比你的正面更加真实。"(The negative of him is more real than the positive of you.) 在此语境下,更直白的翻译是,"他的不存在反而比你的存在更真实"。——译者注

特转而记录下病人童年的想象：她曾幻想床尾有一位天使，有一只拴在她手腕上的鹰，还有一匹她会"骑着到处走"的白色玩具马（p.23）。接着她说："我想，我是在寻找某个永远不会离开的东西"（p.23）。温尼科特对此写道："我们将这个想法表述为真正的东西是那个并不在场的东西"（p.23）。值得注意的是，温尼科特在这里并没有说"我解释"或"我指出"，而是强调"我们表述为"——表明这是病人与他共同构建出的经验性命名。

病人接着讲述了童年时期应对母亲离开的方法："我会做一只纸蜘蛛，然后每天拔掉一条腿，直到妈妈回来"（p.24）。这似乎象征着她在每一次分离中都丧失了一部分自我。母亲每离开一天，她就变得更不完整、更模糊、更不像自己。她还谈到自己常会经历"一道闪念"（p.24）：在那一瞬间，她看见了自己的玩具狗托比——"噢，那是托比"。这个名字她平常并不记得，只会在这种闪念中短暂浮现。

随后，这位病人提起了一段令她极度不安的童年经历。有一天，母亲对她说："我们'听见'你在我们离开的那段时间里一直在哭。"那时她只有两岁，母亲却身在四英里（约 6.4 千米）之外。她心中一震："难道妈妈在骗我？"她努力压抑这个念头,不愿承认那个早已觉察的事实——妈妈的确说了谎。可要面对这一点太过痛苦,因为所有人都说:"你妈妈真的很了不起。"

(p.24)

奇妙的是,温尼科特并未指出一个显而易见的巧合:病人讲述的这段关于两岁时与母亲分离的记忆,恰好与她自己孩子的经历形成呼应——就在她离开的三天里,孩子曾连续哭泣四个小时(p.21)。她仿佛在自己的孩子身上,无意识地重演了童年的创伤。然而,温尼科特似乎并不关心这段记忆是否"真实"。他未去辨别病人所说的是回忆、幻想,还是某种混合的"幻想片段"。对他而言,病人的叙述不是对事实的陈述,而是一种心理性的沟通——也许正是那种从现实与幻想之间的"中间空间"中生成的语言。

温尼科特提到,他与病人"共同达成了一个在我看来相当新的想法"(p.24):

在眼前的图景中,有一个小女孩,她拥有一些过渡性客体(例如托比——那只玩具狗,以及那匹白色玩具马)……这些物品对孩子而言具有象征意义,并且在她的体验中,它们是真实的;但渐渐地,或者说,在某些时刻,她开始不得不怀疑这些物品所代表之事物的真实性。也就是说,如果这些过渡性客体象征的是她母亲的爱与可靠性,那么虽然这些物品本身依然存在,却再也无法指向那些已然不真实的东西——母亲的爱,母亲的可靠性。

(p.24)

过渡性客体之所以能发挥其心理功能,前提是孩子在现实中确实拥有一个给予她爱与支持的母亲。一旦这个现实基础崩塌,那些原本承载象征意义的过渡性客体便失去了其心理定位,沦为空洞的物品。正因为母亲的爱已不再真实,病人所拥有的玩具狗与马,也不再具备抚慰、安慰或赋予生命感的作用,只是一堆"死去的"玩具。它们不再是过渡性的存在,而这,正是"死亡"的另一重意义。

接着,病人说:"我所拥有的,就是我所没有的。"(p.24)

在此,温尼科特写下了本段临床叙述中,或许也是整篇文章中最为关键的话之一:

这是一次绝望的尝试,试图将"不存在"绝望地当作对抗一切终结的最后防线。此时除了这种"不存在",别无他物是真实的。

(p.24)

病人正在借助一种自身存在中的"不存在"（一种内在的空无与裂隙），虽感觉痛苦，却被她当作唯一真实的东西，用以抵御她所称的"万物的终结"，即精神上的彻底崩解。

当她说出"除了这种'不存在'，别无他物是真实的"时，"真实"这个词已不再指代通常意义上的"在场的存在"；它开始指向一种"缺席"（一种空白）本身。这种空白虽被她经验为真实，却又不足以支撑她的理智和自我。

> 在说出"我所拥有的，就是我所没有的"之后，她问分析师："那你会怎么做？""我保持了沉默，"温尼科特写道，"她说，'哦，我明白了。'我想，也许她在对我的高明的不作为表示不满。我说：'我之所以沉默，是因为我不知道该说什么。'她立刻说这没关系。其实她很高兴我沉默，甚至更希望我什么都不说。"
>
> （p.24）

对我来说，会谈正是在这一刻被真正"打开"。当病人问出"那你会怎么做"时，她的语调中多出了一种新的东西。这一问，标志着她接受了温尼科特的存在；通过使用第二人称"你"，她将他置于房间中，置于她所处的关系之中。温尼科特保持了沉默。她说:"哦,我明白了。"或许她是在打趣地把他当作一个典型的被动分析师——练就了"高明的不作为"这一艺术的人。

温尼科特回答,"我之所以保持沉默,是因为我不知道该说什么",这个回应出人意料地坦率(对我来说如此,也许对病人来说亦然)。"她立即说这没关系。其实她很高兴我沉默,甚至更希望我什么都不说。"我每次读到这句对话都深受触动。她以一种毫不含糊的方式表明她知道自己想要什么(沉默),也知道自己不需要什么(解释、道歉或任何言语性的介入)。她的语气平静而坚定,略带一丝不耐或不满,但在我的想象中,那语气中也隐隐透出一份调皮感和清晰的自持。

在这一刻,我仿佛看见两件事同时发生:一方面,她正在体验并表达一个"宝贵的愤怒时刻";另一方面,她也许是在告诉温尼科特,她希望他保持沉默,因为她此刻既需要,也渴望独自与自己待在一起,与温尼科特(1963)所说的那个"永远不被沟通的自我核心"待在一起。那是"神圣的、需要被保护的"部分(p.187)。

而后一句话似乎印证了这一可能性(它紧接着出现在同一段落中):"也许,正是在这份沉默中,我与那位她始终知道自己会去寻找的前任分析师建立起了联系"(p.24),那位前任分析师,她所珍视的人,最终"沉入了她的主观世界深处"（p.25）。也许正是在这一刻，温尼科特感受到某种变化正在发生：他自己的存在与前任分析师的形象悄然交融，未经过任何明确的象征化或界限划分，渐渐融入病人内在体验的深层，成为其中的一部分。

温尼科特继续思忖着病人"所说的意思"（p.25）。或许他和那位前任分析师也正"与她以为自己曾经拥有母亲时所获得的东西联结在一起——那是在她开始察觉到母亲作为母亲的种种不足（也就是母亲的缺席）之前"（p.25）。这句话的含义确实颇为晦涩，因此，我不仅在阅读温尼科特，也在重新书写他。或许，病人会在她的内在核心中保留一个关于"母亲"的表征——那个她曾以为拥有的母亲，一个可靠而投入的母亲；尽管她后来"失去了"这个母亲，但她曾经以为自己真正拥有过这样一位良善的母亲，一位真正做到了"为人母"的母亲。当病人告诉温尼科特，她更愿意他保持沉默时［也许是为了能在他的陪伴中独自与自己待在一起（Winnicott, 1958b）］，正是这个良善的母亲的意象浮现了出来。

会谈在接近尾声时情况再次发生转变。病人与温尼科特之间出现了一点儿"游戏的意味"（p.25）。她讲了一个故事，故事里她要搭火车去度假屋，温尼科特则要陪她踏上这段旅程。

第 2 章 活着意味着什么：存在的悖论与中间经验的真实

她说："我想你最好陪我走一段路，或许……走到中途。"她正在诉说，对她而言，即将离开温尼科特是件"非常非常重要的事"。

（p.25）

在病人的叙述里，"不久之后，当她已经离我远去，一切就不再重要了"（p.25）。在我看来，这个故事里病人表达的是一种愿望：她希望在那个"中途"车站之后，她将能忘记温尼科特。但此刻仍未清楚的是，在这个"中途"之地，她究竟是将他从心中移除（留下一个空缺），还是将他继续藏在心里。

在一个中途车站，我（温尼科特）下了车，换乘那列"热烘烘的火车"回来。她调侃我那种像母亲一样的特质，笑着说："你回来的旅程会非常累人，会有一大群孩子和婴儿爬到你身上，可能还会吐你一身——你活该。"

（p.25）

在她的讲述中，"回来"（come back）而非"回去"（go back）这一用法尤为关键。正是在这一意义上，即便她正身处离别之中，温尼科特依旧是"活着的"，是在场的——她以一种温柔的、带着孩子气的语调诉说，而这正与她先前那句"那你会怎么做"所表现出的愤怒与尖锐形成鲜明对比。此刻，温尼科特对她来说仍是真实而鲜活的存在；她得以与他共同经历那个"宝贵的愤怒时刻"，而如今，她则用一种带有游戏意味的方式，回应他即将缺席的现实。这正是"活着"的一种体现。

会谈走到了尾声。

> 在她离开之前，她说："你知道吗，我觉得我当年之所以能离家疏散，是因为我对自己说，我要去看看，我的父母在目的地吗？我好像真的相信，我会在那里找到他们。"（这句话的潜台词是，她显然知道，在"家"中找不到他们。）她花了一两年的时间才真正意识到事实。那个事实是，他们确实不在。而这就是现实。

（p.25）

这一部分会谈，使病人重新回到了那个熟悉的内在状态："我所拥有的，正是我所没有的。"而在会谈的最后，她又有了一个新的发现——当年战争期间被疏散时，她其实是在寻找父母，希望能在目的地找到他们。温尼科特据此推测：她很清楚地知道，在家中找不到他们；那份缺席、那块空白，才是她经验中真实的存在。

在我看来，这一领悟既是病人的真实发现，也是一份她献给温尼科特的礼物,回应他们在这场会谈中共同经历的一切:她发现"没有那块地毯……反而比有地毯更重要"(p.25);她终于有机会表达愤怒,在那句"那你会怎么做"中释放出长期压抑的情绪;她还讲述了那个与温尼科特一同搭乘列车、在中途车站道别的幻想故事——一个游戏性的讲述,也是一种共处的经验。[尽管温尼科特未明说,但会谈尾声中那段列车旅程,恰是病人在会谈伊始所陷入的幻想旅程(p.21)的一个转化版本:在那场幻想中,火车发生事故,病人不断尖叫,却无法联系到"她的分析师"、母亲或任何人。而如今的故事性旅程,则是那段孤绝体验的重构与转换。]

此刻,否定与肯定、真实与不真实、鲜活与死寂、内在与外在、创造与发现、真理与虚假,仿佛莫比乌斯环的两面,在她的心灵中不断交替、旋转、转化。而正是在这旋转之中,心灵得以成长;也唯有在这种经验的中间空间里,精神分析才能真正展开其工作。

临床案例:一个隐形人

Y先生给他所在培训项目的主任写了一封"遗书"后不久,开始接受分析。写完信之后,他被要求无限期病休。Y先生告诉我,他写这封信时并不是真的想要自杀;

他只是想离开这个项目，却不知道该怎么做。在我们第一次会谈中，Y先生告诉我，从很小的时候起，他就是个如饥似渴的读者。他喜欢手握一本书的感觉，喜欢阅读，却几乎记不得自己读过什么。我对他说，他的描述让我想到一个婴儿——一个拼命吸吮乳房却让乳汁从嘴角流出的婴儿。如果没有人察觉并做出反应，这个婴儿可能会活活饿死。

在这场持续数年、每周五次的分析初期，Y先生告诉我，他的母亲在19岁还是一名大学生时，嫁给了比她年长10岁的父亲。父亲是一位成功的律师。婚礼前几日，父亲驾车横穿美国全境，把自己的父母接来参加婚礼，途中只在用餐时短暂停留。返程时，他在驾驶中睡着，发生车祸，导致Y先生的祖父当场死亡。尽管如此，婚礼依旧照常举行。婚礼前不久，母亲已经怀上了Y先生。婚后，父亲坚持让她退学以照顾新生儿。她照做了，却从此对这个孩子怀有深深的怨恨。Y先生在讲述这些往事时，几乎听不出任何情绪波动。

据他描述，尽管父母从未正式分居，但几乎没有任何来往。他们分房睡，父亲从不与他、母亲或妹妹一起吃饭。母亲很少出门——杂货通过电话订购，衣服则从邮购目录中挑选。Y先生觉得，母亲仿佛整日等待他妹妹放学回家，一回到家就迫不及待地想要知道她在学校发生的每一件事。而他自己呢？他感到母亲对"作为他的母亲"这件事毫无兴趣。从三四岁起，他就独自出门，无人注意他的进出，他常常一个人在街头游荡。有时，他觉得自己是隐形的；有时，他感到深深的恐惧。

在向我做完一段详尽的生活叙述之后，他停顿了一下，说自己不知道接下来还能谈些什么。此后的会谈常常是，他先简单、空洞地提及一些关于工作、妻子或两个孩子的琐事，然后便陷入长时间的沉默。

Y先生从未错过会谈，也几乎从不迟到。我们曾讨论过，会谈中的沉默仿佛重现了他童年与母亲相处时的那种沉默。但即便是在谈论这些经验或其他相关内容时，我常常感觉，他并没有真正"以自己之身"出现在现场。他好像只是在讲述那个"他"，却并未亲身参与这场讲述。我的联想类似比昂（1960）和奥格登（Ogden，2003）所说的"非梦之梦"⊖——一种无法完成任何心理工作的梦境。Y先生偶尔会提到自己与孩子们玩棋盘游戏、一起看电视时所感受到的乐趣。但在我看来，那些描述更像是试图获得我的认可，而非出自一个真正沉浸在经验中的鲜活

⊖ "非梦之梦"（a dream that is not a dream）是比昂提出的概念，指那些尚未被心智加工的、无法象征化的原始经验。它们虽可能呈现为梦，却缺乏结构与意义，无法被思考或理解。奥格登在临床中进一步发展了这一概念，用以描述分析师或病人身处极端原始状态时的混沌体验。——译者注

之人。

多年来，他以各种方式"填满"会谈：有时是长时间的沉默；有时是一连串的问题轰炸——每次会谈他常常会提出 50 个以上的问题；有时是执拗地坚持一些他并不真正相信的观点，仿佛只为争论；也有时是冗长地谈论一些他并不关心的事情；还有时，他会用一种局外人的视角，而不是作为当事者的立场，详述某些生活事件的过程——方式多变，层出不穷。但无论形式如何变换，我始终感觉，他对我说的内容几乎置若罔闻。

这种状态持续了十余年，而我几乎看不到他有什么实质性的改变。我开始对每一次会谈感到畏惧，仿佛这些会谈永无止境。我甚至认真思考过，是否该结束分析，并将他转介给一位我认为可能更适合与他工作的同行——因为我感到自己已经无能为力。

在分析的第 11 年，一次会谈开始时，我对他说，我感觉我们的分析并没有带来实质性的改变——无论是在会谈中，还是在他的现实生活里。我提到，有些会谈一开始似乎令人期待，好像某些真实的事情即将发生，但最后总是证明并没有发生什么。我提出一个建议，如果我们中的任何一方觉得今天已经做到自己所能做的，就由那一方提出结束。我会坐到沙发后面的椅子上去看书，他可以读自己带来的书，或只是保持安静。等到我们当中有人感觉，自己有些真正想说，也相信的话，我们就再继续交谈。

他回应说："我可不想躺在这儿，看你和那些写书的人聊得热火朝天。我宁愿直接走人。"

在我看来，我提到"我会去读书"的画面，对 Y 先生来说，唤起了他小时候常常经历的一种情境——母亲与妹妹谈话时，他被排除在外。但我并没有直接指出这层含义，而是说："好，那就这样定吧，我们中任何一方觉得当天已经尽力，就可以结束会谈。"（我从未对其他任何病人提出过如此彻底改变框架的会谈安排，也从未认真考虑过这样做。自那之后，我也未曾再提出类似的建议。）我当时担心这种安排可能会让 Y 先生感到是一种惩罚，但比起我能想到的唯一替代方案——终止分析——这种风险似乎更能被接受。

引入这个新安排后的最初几次会谈中，Y 先生确实比平时说得多了一些。但就像过去一样，我感觉他并不在意自己说了什么。我没有主动提前结束这些会谈。又过了几次，有一次他终于掌握了节奏——那是一场几乎完全沉默的会谈，接近尾声时，他在还剩 15 分钟左右时提出结束。第二天，他一进门就说：

> 昨天我提前结束后，从你这儿走去停车场的路上，突然有一个想法。我当时特别想赶紧告诉你，

但已经来不及了。我一上车就把它写了下来。我可以读给你听吗？

我说，当然可以。他于是读出了那段写下的内容。但读完后他说，尽管当时想到它、写下它时觉得特别有趣，如今读出来却什么感觉都没了。"它已经消失了，"他说，"现在，一点儿感觉也没有了。"

我答道："你写下来的那段话此刻确实不在了，但你在想到它、写下它的那一刻所拥有的那种感觉，并没有消失。那种感觉是真实的，它在你体内留下了一些真实的东西。"值得注意的是，这一切都发生在"我们的 50 分钟会谈时间之内"，尽管那段时间，病人其实并未待在咨询室中。

在 Y 先生提前结束会谈之后，我依然会回到沙发后的椅子上，坐等会谈时间结束。有时，我会记下自己当下的思绪与感受。在这段工作的某一时刻（有一次会谈结束后），我陷入了一个遐想：一群极其可怕的人正在追杀我。我深知他们一定会在杀死我之前，先狠狠地折磨我。我没有尝试逃跑或反击，因为那在我看来根本不可能。我唯一能想到的办法，就是赶在他们抓住我之前自杀。但我找不到任何可以做到这一点的方法。当我从这场遐想中"醒来"时，我心跳加快，浑身战栗。那天剩下的时间里，我

第2章 活着意味着什么:存在的悖论与中间经验的真实

一直在想:Y先生是如何熬过那段极端孤绝的童年的——成长过程中几乎没有母亲,也没有父亲的陪伴。我想起他写给项目主任的那封"并不是真的想要自杀"的"遗书";他那种拼命地阅读却又什么都带不走的方式;他与母亲、父亲、妻子、孩子,甚至与我之间,那种若即若离、无法真正接触的隔绝感;他同样找不到一种真正能将自己从这个世界上"抹除"的方式。

下一次会谈开始时,他说:

> 昨天,在我提前离开之后,走去停车场的路上,我开始在脑海里和你对话,说你骗我陷入了我们现在做的这件新事情,你以前肯定也用这种方式骗过别的病人。但那种感觉……也消失了。

沉默片刻后,Y先生接着说:"我在这里说出的每一个词,听起来都像是回声,不是我真正的声音。我实在受不了听见自己的声音。说真的,我快忍不下去了。那声音不是……我也不知道……反正,它就不是。"

我说:"它就不是。而你自己,也就不是。"⊖

他接着说:"会谈中最好的部分,是我离开这里之后。

⊖ 这句话回应的是病人对自身言语与存在的疏离感。在精神分析中,这类"非我感"常见于发展性创伤,个体虽在场,却无法感到"我是我"。分析师用悖论性的语言,准确共情了病人"活着却不在场"的状态。——译者注

但等我再回来时,那种感觉又没了。"他顿了顿,又补充道:"我唯一能对话的对象,只有我自己……不过以前,我甚至连这个也没有。"

我说:

> 从你还是个小孩子的时候起,你就一直如此孤独、如此空虚,以至于你总在寻找一种结束自己的方式。但你始终没有真正找到,因为你在内心深处希望,就算死亡来临时,你依然是活着的。

(直到我说出这句话,我才意识到正是我提出的那个特殊框架——允许我们中任何一方觉得当天已尽力,就可以结束会谈——恰好打开了一种可能性:让人在"结束"之后,依然能够感受到某种"活着"的经验。)

病人回应道:"其实我不该告诉你,但我挺喜欢提前结束会谈的,尤其是当外面天黑的时候。我喜欢那样的感觉,因为我能在黑暗中拥有属于自己的时间——我那时可以思考。"(对此时的 Y 先生而言,那就是"活着"的感觉。)

此后,这一新的会谈约定维持了六七个月:当我们中任何一方觉得已经尽力,就可以结束会谈。每当我们如此结束,我都感到我们是在共同主动做一些事,而不再是像过去那样,被沉默与无意义的话语吞没——就像 Y 先生曾在童年中"死去"的方式。

在我看来,从他生命的最初阶段起,他并不是在"成长",而是在勉力"存活"。而我们的分析也在很长时间里并非在"发展",而是在艰难地维系某种存在的延续。我逐渐意识到,在那段框架调整的时期,他的言语之所以在我听来空洞而不真实,是因为他还不是一个足够完整、足够鲜活的个体。他甚至无法区分,什么对他而言是真实的,什么是虚假的。

他童年所经历的"死亡",在会谈中一次次被重演——以漫长的沉默,以言语的机械堆砌,以那种如梦非梦的状态空转。这种状态令人窒息,几乎无法忍受。但也正是在那段时间里,Y先生终于开始,在会谈之中(起初是在咨询室之外,后来是在咨询室之内)经历并承担起属于自己的情绪,开始进行思考。这样的经验不再是致命的了。

我们后来逐渐放弃了提前结束会谈的做法。但那段特殊时期的经验却持续发挥着核心作用。病人开始在那部分他"不在现场"的会谈时间里真正"活过来";与此同时,他对于"自我死亡"的体验,也第一次被带入我们之间所共享的心理空间之中,并在此后数年的分析工作中留下深刻而持久的印记。

当我回顾与Y先生的工作中那次会谈框架的调整时,

常会想起温尼科特的一句话。他曾写道,病人之所以会深深执着于"否定",也就是缺席与空白的真实性,是因为那是一种"对抗一切终结的最后防线"(p.24)。而我所做的框架调整也正具有类似意味:那是一种最后的尝试,一种抗拒分析终结的努力,也是一种挣扎——为的是不让我们两人都被病人童年"死亡性"的心理现实吞噬。那是一次对终结的对抗。

我想以简要回顾几位理论家的观点来结束本节,包括比昂、赛明顿(Symington)、皮克(Pick)和科尔塔特(Coltart)。他们的工作促成了我形成当时的临床心态,使我"决定"做出那场深刻的框架改变。其中,我尤其记得比昂(1978)在一次个案讨论中的评论。一位报告者提到,他的病人担心如果与丈夫离婚,自己会"到处找男人睡觉"(p.259)。报告者解释说,这种想象源自她父亲早年的暗示,她也担心分析师("你")会得出类似的判断。

比昂回应道:

> 听了你的描述,我想我会试着引起她的注意,看看她究竟希望以怎样的方式来限制我对她的称呼的自由……为什么我不能自由地形成自己的看法呢?

(p.259)

第 2 章　活着意味着什么：存在的悖论与中间经验的真实

比昂在这里强调的是分析师的"思考自由"——即便病人以各种方式试图限制分析师的念头，分析师也应保有自由去思考任何可能性。在我与 Y 先生长达多年的分析中，在那次框架调整发生之前，我甚至难以维持心理上的"存活"，更遑论拥有思考的自由。

紧随比昂对"思考自由"的论述，赛明顿进一步探讨了这一自由赖以发生的心理条件。他指出，分析师唯有从某种"无意识知识的限制性模式"（p.290）中解脱，才可能真正思考。分析伊始，分析师与病人便会陷入一种融合性的"合一体"（corporate entity，p.290）之中，分析师必须挣脱这种无意识的共谋状态，重新成为那个能独立思考，并为其思想负责的在场者。在我与 Y 先生的工作中，这种"限制性模式"体现为一整套未曾言说的共享假设：我们在内心深处，对"真正活着"的可能设下了限制，也对那份生命活力本身怀有深层的恐惧。这种状态，在我那场关于逃亡、自杀与绝境的遐想中具象地显现出来。

皮克（1985）则指出，病人常常将自己最难以承受的心理部分投射进分析师的内在（p.161），而这恰恰是分析师自己不愿面对，却也是病人困境核心的部分。她强调，病人会有意识或无意识地高度关注分析师是否在逃避，是否愿意直面这些核心议题（p.165）。在我与 Y 先生的分析中,那种死寂般的心理状态曾一度让我产生终止治疗的念头。若真如此,也许正如皮克所说,那将意味着我放弃了承受——为病人,也为我自己——那份真实存在的机会。

科尔塔特(1985)提醒我们,分析师必须持续对"意料之外的事物保持开放"(p.6)。她写道,"在分析中,有些会谈中几乎没有发生任何我们通常意义上理解的'思考'"(p.8);而当病人有所成长,"若我们自以为知道这份成长是如何发生的,那才是不理智的"(p.14)。她的描述为我提供了极为贴切的语言,用以理解那次框架调整所带来的意外与不可预测性。老实说,直到今天,我仍难以确切说明这一变化究竟是如何促使 Y 先生在咨询室之外,发展出他所能拥有的真实的分析性思考与体验的。可以说,是在某个特定的时点,当一系列内在与外在的条件彼此交汇并大致就位之后,分析的"形状"才自然浮现出来——非我所能预设,也非我所能控制。

注释

1. 虽然本文无意全面回顾关于温尼科特《过渡性客体与过渡性现象》这一论文的丰富文献,但以下研究在我个人思想的发展过程中产生了重要影响:Abram (2007), Civitarese (2016), Copolillo (1976), Elmhirst (1980), Ferro and Molinari (2016), Gabbard (1994), Gaddini (2003), Gaddini and Gaddini (1970),

Green (1997, 1999), Greenacre (1970), Grolnick et al. (1978), McKay (2019), Quatman (2020), Rudnytsky (1993), and Williams (2007)。

2. 温尼科特去世之后，安德烈·格林（André Green, 1997）继续接手这位病人的治疗。他在此基础上发展出自己的"否定"概念，认为这一概念纠正了"温尼科特文献中对性的重要删减"（p.1079）等理论上的缺失。

参考文献

Abram, J. (2007). *The Language of Winnicott: A Dictionary of Winnicott's Use of Words*, 2nd edition. London: Routledge.

Abram, J. (2013). DWW's notes for the Vienna Congress 1971. A consideration of Winnicott's theory of aggression and an interpretation of the clinical implications. In *Donald Winnicott Today,* ed. J. Abram. London: Routledge, pp. 302–330.

Bion, W. R. (1978). Four discussions. In *Clinical Seminars and Other Works*, ed. F. Bion. London: Karnac, pp. 241–292.

Bion, W. R. (1960). *Learning from Experience*. London: Tavistock.

Civitarese, G. (2016). On sublimation. *Int. J. Psychoanal.* 97: 1369–1392.

Coltart, N. (1985). Slouching towards Bethlehem. In *Slouching Towards Bethlehem*. New York: Guilford, 1992, pp. 1–14.

Copolillo, H. P. (1976). The transitional phenomenon revisited. *J. Am. Acad. Child Psychiatry* 15: 36–47.

Elmhirst, S. I. (1980). Transitional objects in transition. *Int. J.*

Psychoanal. 61: 367–373.

Ferro, A., & Molinari, E. (2016). Discussion of "Peter the child who could not dream." *Psychoanal. Inq.* 36: 239–241.

Gabbard, G. O. (1994). Sexual excitement and countertransference love in the analyst. *J. Amer. Psychoanal. Assn.* 42: 1083–1106.

Gaddini, R. (2003). The precursors of transitional objects and phenomena. *Psychoanal. Hist.* 5: 53–61.

Gaddini, R., & Gaddini, E. (1970). Transitional objects and the process of individuation: A study of three different social groups. *J. Amer. Acad. Child Psychiatry* 9: 347–365.

Green, A. (1997). The intuition of the negative in *Playing and Reality*. *Int. J. Psychoanal.* 78: 1071–1084.

Green, A. (1999). *The Work of the Negative*. London: Free Association Press.

Greenacre, P. (1970). The transitional object and the fetish with special reference to the role of illusion. *Int. J. Psychoanal.* 51: 447–455.

Grolnick, S., Barkin, L., & Muensterberger, W. (eds.) (1978). *Between Fantasy and Reality: Transitional Objects and Phenomena*. New York: Aronson.

Klein, M. (1935). A contribution to the psychogenesis of manic-depressive states. *Int. J. Psychoanal.* 16: 145–174.

McKay, R. (2019). Where objects were, subjects now may be. The work of Jessica Benjamin and reimagining maternal subjectivity in transitional space. *Psychoanal. Inq.* 39: 163–173.

Ogden, T. H. (1995). Analysing forms of aliveness and deadness of the transference–countertransference. *Int. J. Psychoanal.* 76: 695–710.

Ogden, T. H. (2003). On not being able to dream. *Int. J. Psychoanal.* 84: 17–30.

Ogden, T. H. (2019). Ontological psychoanalysis or "What do you want to be when you grow up?" *Psychoanal. Q.* 88: 661–684.

Ogden, T. H. (2020). Toward a revised form of analytic thinking and practice: The evolution of analytic theory of mind. *Psychoanal. Q.* 89: 219–243.

Pick, I. B. (1985). Working through in the countertransference. *Int. J. Psychoanal.* 66: 157–166.

Quatman, T. (2020). *Accessing the Clinical Genius of Winnicott: A Careful Reading of Winnicott's Twelve Most Essential Papers.* London: Routledge.

Rudnytsky, P. (1993). *Transitional Objects and Potential Spaces: Literary Uses of D. W. Winnicott.* New York: Columbia University Press.

Symington, N. (1983). The analyst's act of freedom as agent of therapeutic change. *Int. R. Psychoanal.* 10: 283–291.

Williams, P. (2007). The worm that flies in the night. *Brit. J. Psychother.* 23: 343–364.

Winnicott, D. W. (1953). Transitional objects and transitional phenomena: A study of the first not–me possession. *Int. J. Psychoanal.* 34: 89–97.

Winnicott, D. W. (1958a). Transitional objects and transitional phenomena: A study of the first not–me possession. In *Through Paediatrics to Psycho-Analysis.* New York: Basic Books, 1975, pp. 229–242.

Winnicott, D. W. (1958b). The capacity to be alone. In *The*

Maturational Processes and the Facilitating Environment. New York:International Universities Press, 1965, pp. 29–36.

Winnicott, D. W. (1969). The use of an object and relating through identifications. In *Playing and Reality*. New York: Basic Books, 1971, pp. 86–94.

Winnicott, D. W. (1971a). Transitional objects and transitional phenomena. In *Playing and Reality*. London: Routledge, pp. 1–25.

Winnicott, D. W. (1971b). *Playing and Reality*. London: Routledge.

Winnicott, D. W. (1971c). The place where we live. In *Playing and Reality*. London: Routledge, pp. 104–110.

Winnicott, D. W. (1971d). Introduction. In *Playing and Reality*. London: Routledge, pp xi–xiii.

Winnicott, D. W. (1971e). Le corps et le self, V. N. Smirnoff, trans. [Body and self]. *Nouv. Rev. Psychanal.* 3: 15–51.

第 3 章

意义即世界：去构无意识

近年来，我开始关注支撑我进行精神分析性思考的一些基本概念。在这一过程中，我重新思考了精神分析情境中关于无意识和时间的概念。我在此提出一系列带有推测性的想法，作为我个人重新审视这两个精神分析核心概念的探索方式。本文并非旨在说服读者，而是希望引发读者富有想象力的回应。

无意识的概念

对一名精神分析师而言，声称"无意识"并非一个独立存在的实体似乎是离经叛道的。毕竟，弗洛伊德以及几乎所有过去和当代的精神分析师都会认为，弗洛伊德提出的无意识概念是精神分析的决定性特征。我本人也认同这一观点。然而，我仍然要提出：并不存在一个客观的"无意识"实体。这一观点初听起来可能令人难以接受，尤其是对于那些在其职业生涯中，在思维的各个角落都运用过

第 3 章　意义即世界：去构无意识

这一概念的精神分析师而言。读者可能会质疑，如果无意识只是一个概念，但它为我们的思考带来了如此多的清晰性，又怎么能说它仅仅是一个想法呢？还有读者可能反驳，无意识也许不是一个具体的"东西"，但它肯定是一种体验。我会反问，你指的是什么样的体验呢？读者也许会回答说，做梦就是一种无意识的体验。我会回应，一个人能够记住的梦，本质上属于有意识的现象；而那些无法记起的梦，不过是其他被遗忘的思想或经历的思绪罢了。

弗洛伊德（1915）曾主张，无意识的存在是"无可辩驳"的，因为当我们运用这一概念时，可以使原本隐藏于意识之外的意义变得可以被觉察：

> 在意义上取得的收益，完全可以成为超越直接经验局限的正当理由（用于证明接受无意识心灵[一]存在的合理性）。而且，如果假定存在无意识能够让我们建立起一种行之有效的方法，借此我们可以对有意识过程的进程施加有效影响（例如，通过精神分析治疗），那么这种成功就为我们所假设的存在提供了无可辩驳的证明。
>
> （p.167）

[一] 无意识心灵（the unconscious mind）是弗洛伊德理论中的核心系统，指被压抑而不为觉察的心理内容。在本书中，作者将"无意识"视为意识自身的一种特性，而非独立存在的心灵结构。——译者注

换言之,"无意识存在"的主张之所以成立,是因为假设无意识存在,能够帮助我们理解那些原本超出有意识觉察范围、无法赋予意义的体验。我想指出的是,无意识只是一个概念——一个极其精妙的理论构想——但它并非真实存在的实体。这个概念确实使我们能够推断体验中的意义,正如在精神分析情境中进行推理那样,但归根结底,它仍然只是一个理论构想。

对于弗洛伊德(1900,1915)而言,无意识是一个领域——一个存在于有意识觉察之外的"界域",其中栖居着各种禁忌的、冲动的、威胁性的、羞耻的、负罪的思想、情感和幻想。然而,尽管弗洛伊德坚持这一心灵模型,我们仍需认识到,这个所谓的领域本身就是一个隐喻,用以描绘心灵中有意识与无意识部分之间的关系。这个隐喻并非心灵真实存在的地图,因为根本不存在一个可以绘制的"那里";而既然没有那个"那里",也就无从在其中发生任何事情。在很长一段时间里,我曾经设想无意识确实存在于有意识心灵⊖的"下方"——一个被原初过程思维和无时间性特质所主导的"更深层"的地方。我曾将无意识心灵想象为一个地下室,压抑的思想和情感被

⊖ 有意识心灵(the conscious mind)概念源自弗洛伊德,指的是个体此刻能够直接觉察到的心理内容,是心灵结构中的一个组成部分。在本书中,"意识"被理解为整体体验流,与弗洛伊德的结构性设想有所不同。——译者注

第 3 章　意义即世界：去构无意识

埋藏于其中，不断敲击着由心理审查机制把守的门，请求获准进入或重新进入属于"时钟时间"和次级过程思维的有意识领域。

我发现，在思考一次分析会谈中正在发生什么时，以及在反思日常生活时，无意识这一概念始终不可或缺。如果没有这一概念，我无法作为分析师开展工作。然而，如今我必须提醒自己：无意识只存在于弗洛伊德及后来的精神分析思想家所创造的理论叙事之中。并不存在真正的"内在世界"（那么，"内在"又具体指向哪里呢）；也不存在真正的客体关系；不存在 α 元素、β 元素或 α 功能⊖；不存在本我、自我或超我；也不存在生本能或死本能。所有这些不过是精神分析理论叙事中创造出的角色、力量和组织者而已。

我们为"无意识"起的名字本身就颇具启示意义："无"意味着未被有意识知觉所掌握，但我们并不知道这种"无"的性质究竟是什么。我们从未直接接触过它。我们自以为通过推断"了解"了它，也就是说，我们围绕着赋予它的意义编织出各种故事，由此以为我们懂得了它。但我们赋予的这些意义，并不能证明存在一个无意识的领域。事实上，所谓心灵的一个"领域"，本身又意味着什

⊖　α 元素、β 元素或 α 功能的概念源自比昂，指涉心灵将原始感受转化为可思考体验的心理机制。——译者注

么呢？

梦是一种通过视觉意象展开的体验，个体在醒来时能够记得这一体验。需要注意的是，当我们醒来时，已经不再处于做梦的体验状态之中。我们在梦中经历的，是一种有意识的现象，而非无意识的现象；否则我们就不会对其有所体验。醒来后，我们或许能记起梦境体验的某些片段，但在醒来的那一刻，我们已经在使用有意识的次级过程思维和连续的时间结构来加工和阐释这段体验。因此，当我们从梦中醒来时，所记住的并不是无意识本身，而是在睡眠中发生的一段有意识的体验（否则我们根本无法记住它）。

我认为，无意识并不是一个场所或实体，而是某些思维、情感和体验中所具有的一种品质。所谓无意识现象，其实都是一类体验——意识的一种特定品质[1]（这里的"意识"不应与弗洛伊德所指的有意识心灵混淆）——这些体验蕴含着潜在的意义。弗洛伊德的重大贡献，在于他通过无意识这一概念，阐明了无意识思维所具有的特定品质。然而，我们在梦境及意识的其他方面挖掘出的潜在意义，并不能证明无意识实体的存在；它们只能证明我们能够在意识之中辨识出潜藏的意义。当我们试图理解体验中蕴含的意义时，我们唯一能够倚赖的，正是意识本身，也就是我们所经历的一切的总体。

第3章 意义即世界：去构无意识

或许有人会反驳，将"无意识心灵"仅仅视为一个概念过于狭隘，他们可能会提出下面这样的问题："难道梦不正是反映了个体所隐藏的愿望与恐惧吗？""难道弗洛伊德和无数其他分析师没有证明，梦揭示了做梦者不敢去想、不敢去感受的欲望与恐惧吗？""难道梦不是以隐蔽方式活出个体在清醒生活中无法允许自己经历的愿望吗？""难道梦不会帮助我们更好地认识自己，理解自身情感上正在经历的状态吗？"对于所有这些问题，我的回答都是肯定的。然而，这些事实本身，并不足以证明无意识心灵是一个超越理论构想的实体。

梦是一种思维形式。但这并不意味着存在一个客观的"无意识心灵"；相反，梦中的思维表明，我们在睡眠中以不同的方式体验和思考自己。而通过探究这类不同形式体验所蕴含的潜在意义，我们得以更加深入地了解自己。弗洛伊德提出了一种极具洞见的方法，用以识别梦中影像所承载的潜在意义。然而，潜在意义归根结底只是潜在的意义，它并不足以证明无意识是一个超越概念的客观存在。

我们在试图理解梦境中潜藏的意义时，也许可以通过与理解文学作品中意义的过程做类比，从而使这一过程变得更加清晰。当我们阅读文学文本——无论是虚构作品还是非虚构作品，是诗歌还是戏剧——其意义并不隐藏在文字背后或字里行间；意义就存在于文字本身，以及文字所产生的效果之中。我们"倾听"的是字词本身，而不是"透过"字词去听。当我们与文本互动时，我们在做某种事情——我们在体验文本，有时也会用语言表达出我们对文字中潜在意义的感受，但在文字背后，并不存在另藏的事物。

如果将无意识设想为在某处发生的某种现象，就如同犯了另一个错误，也就是将心灵设想为一种"东西"，位于头脑内部、旁边，或其他某个地方（Winnicott, 1949）。心灵不同于大脑；大脑是具体的器官，而心灵并不是一个静止的"物体"，它更像是一个动词——一个永远处于生成状态中的动态现象。威廉·詹姆斯（William James, 1890）曾将心灵描述为"一股意识流"；心灵即体验、思考、感受和讲述的活动本身。我们或许可以描述自己想象中心灵的运作方式，但在这么做时，我们往往会陷入一种错误：我们假定有一个实体真实存在于某处，并且它是我们所有体验（思想、情感、感觉、梦境等）的起源（即"第一推动者"，终极根源）。

我们所拥有的一切，只有意识（需区别于弗洛伊德所说的有意识心灵）。正如我之前提到的，我所指的"意识"是我们能够体验到的一切：我们所有的思想、情感和感觉，并且随着心理发展的推进，还包括一种自我反思的

第 3 章　意义即世界：去构无意识

能力，即能够同时从作为主体的"我"（I）和作为客体的"我"（me）的角度，观察并与自己对话的能力。在意识的"下方"或"背后"，并不存在任何其他东西。我们或许会发现，在分析思考中将意识划分为有意识与无意识的"两条脉络"是一种有用的想象，但意识本身并不是由两条脉络编织而成的；意识就是意识本身，是一个不可分割的体验整体。

保罗·艾吕雅（Paul Éluard，1968）的一句话对我重新构想弗洛伊德的"无意识"概念很有启发："另有一个世界，但它就在这个世界之中。"弗洛伊德所说的无意识是另一个世界，但它就在此时此地——在我们的意识之中，而不在意识的背后或下方。弗洛伊德所谓的无意识，其实是意识所具有的一种特性，⊖ 而不是存在于压抑屏障背后的一个领域。

那么，如果无意识只是一个理论构想，我们应当如何看待自身的体验呢？我建议，如果我们将自己所做的事理解为在对意识进行推断，那么我们就能避免陷入这样一个错误预设：将某个并不存在的"另一个心灵"或"另一个世界"当作真实存在。我们知道意识确实存在，并且意识

⊖ 奥格登在此强调，无意识并非弗洛伊德模型中被压抑在"意识之外"的一个心灵区域，而是意识本身所具有的复杂、模糊、多义等体验性特质。——译者注

中蕴含着潜在的意义。这样说并不是让我们不再使用"无意识"这个概念，而是说当我们使用这个概念时，我们应当清楚它只是一个理论构想，而不是一个场所，也不是另一个心灵。

临床案例

当我在候诊室与 V 女士第一次会面时，她一看见门开就猛地站起身来，用恳求的目光望着我，似乎在等我告诉她该如何举止。她看起来 20 岁出头，身穿朴素的衬衫和百褶裙，样式明显过时。我向她做了自我介绍。她点点头，跟着我走进咨询室，等着我示意她该坐在哪里。坐下后，她仍然盯着我看，似乎在等待进一步的指示。我保持沉默，她便开口说自己被要求退出博士项目，然后停下来，等待我的回应。

我说："在这里不知道自己该做什么是很自然的。"

她叹了口气，说："我在哪儿都不知道自己该做什么。"

V 女士告诉我，她被博士项目开除，理由是"未能遵守指示"。她说自己现在在一家高档女装店工作，但经常出问题，因为她似乎总是说错话。

我说："听起来，好像你想表达的意思和别人听到的意思之间总有偏差。"

"是的,我总是在说错话。我只是想帮顾客找到她们喜欢的东西,结果却常常把她们惹恼了。每次都是这样,但我不是故意的。我妈妈讨厌我。我跟她不一样。在她眼里,我不够女性化,也不够漂亮。我应该再瘦一点儿——她讨厌胖人。她喜欢我妹妹。但我爸爸爱我。他让我陪他在医院查房。我知道我年纪有点儿大了,不应该再那样做,可我从小就跟着他,从没想过要停止。"

V女士说到这里,突然停了下来,问道:"你不是应该问我一些问题吗?"

我说:"说实话,我也不知道自己'应该'做些什么。"

她说:"其实你不用……"

我回答:"不,我没有什么非做不可的事情。"

她又问:"我跟我父亲一起查房有什么不对吗?"

我说:"你自己也拿不准,是吗?"

"我妈妈说那样不对。但她从来对我没有一点满意。我喜欢跟爸爸一起查房。小时候,我还假装是他的护士呢。"

我说:"在你当你父亲的小护士时,你感觉自己变成了一个有价值的人。"

V女士环顾了一下我的咨询室,说:"你这里的书真多。每一本你都读过吗?"

我说:"读过一部分。"

"你很老。"

"是的,我确实挺老的。"

在 V 女士说过的所有话中,这句话给我的感觉最鲜活。她把我们的注意力引向了我们真实的样子,而不是我们"应该"是什么样,或者"应该"在做什么。

"我妈妈从不陪我玩。我所有事都是跟爸爸一起做的。我们会一起去五金店,再去加油站,然后一起去吃热狗。我妈妈只会带我去看儿科医生、正畸医生、眼科医生。"

我问:"你的眼睛有问题吗?"

"如果不戴眼镜我什么都看不见。醒来时我得先摸索着找眼镜。我也戴隐形眼镜,但戴着总觉得不舒服。"

我说:"我有种感觉——我觉得没有人能真正看见我。"

她问:"你怎么知道的?"

我说:"我也说不准,只是一种感觉。"

"你知道吗,其实我比看上去要大。我今年 22 岁了。"

"你在某些方面看起来比实际年龄更成熟,但在某些方面又更显得年轻。"

"我觉得自己好像没有年龄。"

在我刚才所描述的这一段会谈中,从我走进候诊室那一刻起,V 女士就一直在和我"交流"了——那时她用恳求的眼神看着我,仿佛在请求我告诉她该如何与我相处。

她那不合时宜的穿着本身就引人注目。而在咨询室里，她又讲述了自己为"被看见"所做的其他努力：在博士项目中拒绝遵守指导要求，在服装店里频频冒犯顾客，以及陪父亲查房、扮演护士的经历。

在会谈初期，V女士通过她的讲述呈现出母亲的某种形象：一个无法真正看见她是谁，而只能透过自己的内心偏见和期待来理解她的人。这段会谈中呈现出一个核心悖论：病人既需要我成为她那个拒绝她的母亲，同时又需要我以我自己的样子存在。仅仅是她的母亲还不够，仅仅是我自己也不够。她需要我既能成为那个母亲，又仍然是我这个人。如果她无法将我体验为她的父母之一，或者两者兼具，那我对她来说就毫无意义；但如果我无法以我自己的方式看见她、认出她，并能与她一起玩，那我同样对她没有价值。㊀

V女士问我是否认为她和父亲一起查房是妥当的，这透露出她对自己的身份感到困惑：她究竟是她母亲眼中看到的那个人，还是她父亲眼中看到的那个人？这两种形象都和她真实的自我关系不大。我感觉，这位病人和她父亲

㊀ 病人通过移情将分析师体验为母亲，是一种无意识的关系重演，她渴望在旧有创伤性的关系模式中，借助分析师的回应，获得一次被理解与修复的全新经验。这要求分析师既要承载旧客体的位置，又能以自己真实的方式回应病人。——译者注

之间似乎存在一种病态的"游戏"——在这种游戏中，父亲将病人视作玩物，而非具有情感与生命的真实存在。V女士似乎还想确认我是否读过书架上的所有书，或许是为了确保我知道自己在做什么，比如确认我是否懂得如何成为一位与她父亲不同的医生。

会谈中的一个重要时刻，是她对我说我很老，随后又说她比看起来年纪要大。在我看来，这是她在努力让我更好地看清她是谁，也是在向我发出请求，希望我能给予她一种"被看见"、"被认出"的体验。

当我问自己，V女士想要被看见的这些努力究竟是有意识还是无意识时，我发现用"有意识"或"无意识"这样的概念，并不能贴切地描述我与她的这段经验。她需要被看见，需要被认出，而这两种需求既不是有意识的，也不是无意识的。这类需求触及了"我们自我的核心"（也许可以称为"灵魂"）所在。那么，灵魂是有意识的，还是无意识的？对我来说，这样的提问本身就没有意义。

在这次会谈的几乎每一个阶段，我都可以从"无意识心灵"概念的角度去理解所发生的一切。例如，我本可以把她与父亲一起扮演护士的行为看作一种恋父情结的表达——一种必须对母亲隐藏的爱，因为她陪父亲查房时，母亲会感到嫉妒。我也可以把她的视力问题理解为她害怕看见自己被压抑的无意识中那些彼此冲突的部分。我还可以把她在博士项目中违反规定以及在工作中冒犯顾客的行为,看作一种无意识愤怒的表现——也许是对她母亲的愤怒。那么,有人可能会问:"用这种方式理解她的行为,并据此做出解释,有什么不妥吗?"在我看来,问题在于:如果以"无意识"概念的视角来处理这次会谈的开头部分,会倾向于形成一种思维状态,使人不断试图挖掘会谈表层之下的无意识含义。这个概念会以某种方式为会谈中的所发生之事设置框架,使我们产生一种错觉:仿佛这些互动之下隐藏着一连串有待解答的问题,而对其中某组问题的回答,会成为进一步寻找"更深一层"问题答案的起点。

在我所描述的这次会谈中,我与V女士的工作重点,并不在于努力理解她,而在于努力认出她,看清她是谁。被他人看见,是一个人建立"我是谁"这种自我感的必要条件。一个人如果未曾被看见,就无法成为真正的自己——这从婴儿时期就已开始:婴儿是通过母亲的凝视来"看见"自己的,也就是说,他是通过从母亲看向自己的眼神中,看到母亲眼中所映照出的形象来感知自我的(Winnicott,1967)。被看见的需要,既不是有意识的愿望,也不是无意识的冲动,它是一种存在论层面的需要。在与V女士的工作中,我关注的重心并不在于增强她对

自己的理解,而在于看见她、认出她,并邀请她和我一起"玩耍"。²

总而言之,无意识是一个概念,一个极为出色的概念,但它不是一个场所,也不是第二个心灵。无意识心灵这一概念在我们推测(想象的)"内部客体关系世界"中发生的事情时,确实不可或缺。若要回答"那为什么不使用这个概念呢",我会说,持续不断地使用它,会让人陷入一种特定的心态,在这种心态下,人们不断试图去回答那些关于潜在意义的问题。而这种对无意识意义的不断探寻,可能会遮蔽另一种心态。这种心态关注的并不是"如何解释病人的潜意识",而是病人"难以成为他/她自己",难以体验到"自己是真实存在的",不知道"自己是谁",甚至觉得自己不过是一个"无足轻重的空壳"。在精神分析中,"理解"与"创造经验"是两个不可分割的维度。任何一方的缺失都会带来问题。如果我们过度追求意义(也就是偏向认识论的维度),分析就可能变得过于理性,显得死气沉沉;如果分析师在"创造经验"上投入过多,以促使病人变得更真实、更鲜活,则分析过程也可能变得不够安全,甚至让分析师和病人都难以承受[例如,费伦齐将他的"主动技术"发展成分析师与病人之间的互相分析时,就发生了这样的情况(1932,1949)]。

第3章 意义即世界：去构无意识

结语

弗洛伊德（1900，1915）关于无意识的理论构想，一直是我分析性思考的核心。但我如今深切地意识到，并不存在"无意识"这样一个实体。无意识既不是一个第二心灵，也不是那个被划分为有意识与无意识的"内在心理世界"的某一部分。无意识是一个概念，仅仅是一个概念。在认识到"无意识并非真实存在"的前提下，我主张，意义是潜藏于意识之中的——也就是说，意义存在于我们所能经验的一切之中，包括我们的思想、情感、感觉，以及我们在作为"主体"（I）和"客体"（me）之间来回体验自己的方式之中。就像在文学中，意义并不隐藏在文字之下，也不藏在字里行间；意义就在文字本身之中，以及文字所产生的效果之中。同样，意义也不在意识的底下或背后，而是在意识之中，在我们对意识所做的推断之中。"另有一个世界，但它就在这个世界之中。"

注释

1. 当我使用"意识"一词时，我指的是我们所能体验到的一切，包括所有的思想、情感和感觉，并且随着心理发展的推进，还包括一种自我反思的能力，即能够同时从作为主体的"我"（I）和作为客体的"我"（me）的角度，观察并与自己对话。

2. 我此前（Ogden，2019，2020，2023a,b）讨论过我所谓的精神分析的"认识论维度"（涉及认识和理解）与"本体论维度"（涉及存在和成为）之间的相互作用。前者指患者和分析师共同努力，帮助患者获得更深入的自我理解；后者则依靠分析过程中发生的各种体验，这些体验有助于患者更加充分地成为他们自己。

参考文献

Eluard, P. (1968). *Oeuvres Completes*, Vol. 1. Paris: Galliamard, p. 986.

Ferenczi, S. (1932). *The Clinical Diary of Sandor Ferenczi*, ed. J. Dupont, trans. M. Balint & N. Jackson. Cambridge, MA: Harvard University Press, 1995.

Ferenczi, S. (1949). Confusion of the tongues between the adults and the child: The language of tenderness and of passion. *Int. J. Psychoanal.* 30: 225–230.

Freud, S. (1900). *The Complete Psychological Works of Sigmund Freud*, ed. J. Strachey. London: Hogarth Press, 1955.

Freud, S. (1915). *The Complete Psychological Works of Sigmund Freud*, ed. J. Strachey. London: Hogarth Press, 1955.

James, W. (1890). *Principles of Psychology,* ed. P. Smith, Vol. 1. New York: Dover, 1950.

Ogden, T. H. (2019). Ontological psychoanalysis, or what do you want to be when you grow up? *Psychoanal. Q.* 88: 661–684.

Ogden, T. H. (2020). Toward a revised form of analytic theory and practice: The evolution of analytic theory of mind. *Psychoanal. Q.* 89: 219–243.

Ogden, T. H. (2023). Like the belly of a bird breathing: On Winnicott's "Mind and its relation to psyche–soma." *Int. J. Psychoanal.* 101: 7–22.

Ogden, T. H. (2024). Ontological psychoanalysis in clinical practice. *Psychoanal. Q.* 93: 13–31.

Winnicott, D. W. (1949). Mind and its relation to psyche–soma. In *Through Paediatrics to Psycho-Analysis*. New York: Basic Books, 1950, pp. 243–254.

Winnicott, D. W. (1967). Mirror–role of mother and family in child development. In *Playing and Reality*. New York, NY: Basic Books, 1971, pp.111–118.

第 4 章

**那些未被活过的事：
共时性、历时性与经验的重组**

我认为，人类对时间的体验包括两种不可分割的形式，它们处于一种动态互动关系中。一种是"历时性时间"（diachronic time，希腊语意为"贯穿的时间"），即钟表时间、日历时间；另一种是"共时性时间"（synchronic time，意为"共在的时间"），即"梦的时间"。历时性时间是按顺序展开的，并与因果逻辑紧密相关：一种经历接续着另一种经历而发生。比如说，"主管让J感到尴尬"这一陈述，便体现了对时间的历时性体验。在这种时间观下，一个事件导致另一个事件，一个人生阶段接续着下一个阶段。历时性时间意味着内在与外在、自我与他者之间的区分，但它们又处于一种相互影响的关系中。例如，一个病人觉得分析师结束会谈的方式让她感到猝不及防、暴露无遗，尽管她也意识到自己可能反应过度。当分析师按时结束会谈，或提前告知病人假期安排时，他们是在历时性时间中工作。类似地，当病人以童年经验来理解当前感受，按时进入会谈，或在会谈结束后起

第 4 章 那些未被活过的事：共时性、历时性与经验的重组

身离开而不再说话时，她同样是在历时性时间中活动。

发展取向的精神分析理论主要建立在这种历时性时间观之上：人生的各个阶段依次展开——口欲期之后是肛门期，潜伏期之后是青春期，偏执－分裂位置之后是抑郁位置 ⊖。

但我认为，共时性与历时性这两种时间经验始终是交织在一起的，彼此无法分离。我们从未以纯粹的方式体验时间。所谓"共时性时间"，可以理解为"梦的时间"，如在游戏、写作、绘画，或其他创造性活动中所经历的时间。历时性时间线性展开，共时性时间则是一种体验：所有时间仿佛同时汇聚于当下这一刻。就像人在梦中所经历的那样，所有时间都在"梦的时间"中共存："过去尚未死去，它甚至还没有成为过去"（Faulkner，1951）。此刻并非在时间线中紧随过去而来，而是过去、现在与未来共构了此时此地。在这样的语境中，去问一个病人"这个梦持续了多久"其实毫无意义。在精神分析会谈中，其设置（病人躺在沙发上，分析师坐于其后）本身就是为了帮助病人暂时放下"钟表时间"所代表的历时性结构，转而

⊖ 前四个阶段（口欲期、肛门期、潜伏期、青春期）出自弗洛伊德关于性心理发展的理论，后两个阶段（偏执－分裂位置、抑郁位置）则源于克莱因学派对婴儿早期心理组织的描述。两者虽然属于不同理论体系，但在当代表达中常被整合用以描绘个体的心理发展过程。——译者注

进入一种共时性的时间经验,即梦的时间。在这种状态中,分析师与病人仿佛共同进入了一场梦境:他们共同梦见了这场会谈(Ogden,2017)。每当病人走进咨询室,躺上沙发,而我静静地坐到沙发后面时,我总会有一种感觉:我们仿佛正要一同入睡,共赴一场梦境。

从共时性时间的视角来看,过去已经逝去,不可回返;人无法回到过去,过去只是记忆。然而,在共时性时间中,所有的过去都在现在之中(正如在梦中一般)。在这一经验中,过去以其在个体身上留下的印记形式,鲜活地存在于此刻。在共时性时间中,我们就是那些曾影响过我们的一切经验及其所留下痕迹的总和。

这正是共时性时间的悖论所在:过去只以记忆的形式存在,但所有过去,又都以一种鲜活的方式存在于我们当下的生命中,存在于我们是谁的此刻状态之中。

在共时性时间中,过去与现在并不构成连贯相续的时间流,因为它们是两种截然不同的时间经验。过去已经消逝,如今只以记忆(思想与情感)的形式存于当下:无论是10秒前还是10年前发生的事,皆如此。此刻,是"过去的当下"(Eliot,1919,p.11)——一个由全部过去经验所留下的印记塑造的此时此刻。

在共时性时间中,过去可以被类比为树干横截面上的年轮:每一个年轮都记录了树木一年中的生长与休眠,它们本身并不是过去的再现,却是过去的映照,并且仍然活生生地存在于这棵树当前的生命中。年轮不是所反映的经验本身,而是这棵树对过去所作回应的体现,是过去在当下生命中的持续显现。

从共时性时间的视角来看,童年创伤事件本身已经消逝,但它仍以某种方式"活着"——作为它在病人当下、持续生成的"成为状态"中所留下的印记。这些印记鲜活地存在于病人当下的每一个层面之中,活在构成"他／她是谁"的本体结构里。童年创伤以过去在病人身上留下的痕迹形式,在当下依然在场。分析中所经历的创伤,并非对过去事件的"记忆",而是活在病人存在之中的经验,并且在病人与分析师共同创造的主观性之中,即奥格登所称的"分析中的第三者"(the analytic third)(Ogden,1994a,b)中被更为充分地经验。

在这样的视角下,"退行"这一术语本身具有误导性,因为它暗示病人似乎回到了某个更早的时期,然而这是不可能的,过去已不复存在,无可回返。在分析中真正发生的,是过去的经验在当下促使病人"自我逐步形成"的过程:那些由过去留下的印记,在当下与分析师共同被活出来。病人并不是"回到"过去,而是在分析关系中活出这些印记所构成的存在方式。病人与分析师在分析中所共同经历的创伤体验,是他们首次共同创造出的一种新经验。

他们所创造的既不是那段早已消逝的童年创伤本身，也不是关于它的记忆，而是一种对双方来说都是崭新的经验。这个在分析关系中被重新赋予生命的当下时刻，意味着那一刻的病人不再像创伤当时那样独自承受，而是在"共同的主观性"之中得以重新经验。

类似地，当我们不再把"移情"理解为病人将内部客体关系投射到分析师身上，而是将其理解为病人在与分析师共同创造的主观性视角中，去体验"过去的当下"，那么"移情"这一概念便获得了全然不同的含义。

弗洛伊德（1918）在其"事后性"（德语 Nachträglichkeit，意为"延迟性"或"后成"）的概念中，也采纳了类似的共时性时间视角。他指出，某些事件在其最初发生时，并未被当事人真正经验；而当个体在后来的某个时刻达到某种心理成熟程度，能够接纳并回应当时之事时，那个事件才得以真正"发生"。比如，"狼人"案例中的病人，在婴儿期曾目睹父母的性交，当时无法理解也无法经验；直到多年后他心理上有能力承接这一经验时，这段过往才真正以"经验"的形式发生于当下。

温尼科特（1974）认为，儿童期的心理崩溃是一种对事件的反应。当那个事件发生时，个体因其过于痛苦或高度紊乱，未能在情感上真正地参与其间。病人在分析过程中感受到对"正在崩溃"的恐惧，但事实上，那场崩溃早

第 4 章 那些未被活过的事：共时性、历时性与经验的重组

已在童年发生过。由于那段经历在当时未曾被真实地活过（Ogden，2014），病人无法从中学习。分析关系为此提供了一个情境，使那些早已发生却未被体验的事情，得以首次真正被经验，并逐步整合进病人不断展开的自我体验之中。

比昂（1967）也使用了共时性时间的理念。他指出，分析师不应执着于过去的记忆，也不应沉溺于对未来的期待："记忆与欲望……分别处理的是，被认为曾发生之事的感官印象和尚未发生之事的感官印象"（p.136）。在比昂关于过去、现在与未来的理解中，蕴含着共时性的时间观：过去已死，如今只剩下我们对它"曾经发生"的想法；未来尚未到来，它只是我们对"尚未发生之事"的设想。我们唯一真正存在的，是此刻。延续保罗·艾吕雅（1968）那句诗意的话——"另有一个世界，但它就在这个世界之中"——我愿改写比昂的表达为："过去与未来是另一个世界，但它们就在这个世界之中。"

在分析情境中，即使一个人在童年遭受了性侵，在成年后并未忆起那件事，但它仍真实地发生过。这段创伤通过它在病人身上留下的印记而鲜活地存在着，体现在病人给予分析师的感受中，也体现在病人与分析师于此刻共同创造的经验中。当一个病人告诉我，他／她小时候曾遭遇性侵，我并不依赖他／她对那段经历的记忆来确认那件

事是否发生。那场性侵在病人的生命经验中留下了深刻印记，至今仍以各种方式在分析情境中的当下被唤起与再度体验，并通过病人与我互动的方式，以及我们共同创造的经验传达给我。童年性侵的后果在病人身上留下了创伤性印记，阻断了其成长和"成为自己"的过程，进而妨碍其心理与身心的健康展开。我们无法改变过去，但当我们与病人一同去经历那些他/她当时无法经历的情感时，我们便参与塑造了病人"过去的此刻"，也就是共同活出那些当年未被活过的体验。

临床案例

当C女士开始接受分析时，她说自己"感觉不像自己"，仿佛只是"过客"，在自己的生活中并不真正在场。她试图从他人那里获取线索，以模仿作为母亲和妻子该如何行事。从分析一开始，她就依赖我来帮她"熬过每一天"，与此同时却又对我极度不信任。周末没有会谈对她而言简直是一种折磨；可一旦进入会谈，她便对我严厉批评：几乎我说的每一句话，她都会反驳，指责我在评判她，居高临下地对待她，或是迟钝无知。C女士经常在约定会谈开始前15分钟就到。有一次会谈开始时，她对我说，我在等候室接她时比平常早了几分钟。她对我说：

第4章　那些未被活过的事：共时性、历时性与经验的重组

"请准时开始会谈，否则我就不知道自己身在何处了。"

在分析的过程中，病人逐渐与我建立起足够的信任，开始向我透露她童年时期遭到一位叔叔长年性侵的经历。她的这些叙述或许可以被称作"记忆"，但我更将其视为她与我共同建构出的内容——它们源于病人的内在现实。我并不热衷于去考证这些共构内容与所谓历史"事实"之间的对应关系，因为无论客观事实如何，它们现在只以这些经验在病人身上留下的印记形式存在。当她描述她记得的那些性侵场景时，我脑中对发生这些事件的房间的画面浮现得如此清晰，以至于我有时都忘了那其实是我自己的想象。

在多年分析工作之后，C女士逐渐能够接受这样一个事实：她无法让这些关于性侵的记忆"消失"，也无法让那些事情"从未发生"。她对我的愤怒大为减少，也更能怜惜童年的自己，并善待现在的自己。有一天她说："一直以来，我都有一种感觉，'我们'是在一起进行这段分析。但现在，好像没有'我们'了，只剩我一个人。"我回答说："你生命中的痛苦确实只能由你一个人承受，但让我知道这一点，对我们两人都很重要。"

在我与C女士的工作中，可以看到历时性时间与共时性时间经验的交织及其必要性。C女士强烈要求我尊重历时性时间，比如她坚持要求会谈必须准时开始。因为如果

我不遵守约定时间，她就会感觉"不知道自己身在何处"。她是在恳求我，不要破坏她努力维持的"自我感"——这个"我是谁"的体验，在性侵经验正在被活出来的当下，极其脆弱而重要。

在我所描述的分析接近尾声时，C女士说，过去一直有一个"我们"，但现在没有了。在我看来，她此刻感受到的那种彻底的孤立无援，标志着她的体验发生了一种转变：从原先主要以她与我共同创造的主观性（即共时性时间的经验）来经历她的童年创伤，转向一种独自承受痛苦并感受到与我分离的状态，后者体现出的是历时性时间的经验。我对病人的回应（"你生命中的痛苦确实只能由你一个人承受，但让我知道这一点，对我们两人都很重要"）实际上是在告诉她，那段性侵的经验属于她，只有她能够真正经历它所带来的痛苦。但我知晓这一点，并且在她将这段经验纳入其生命过程中陪伴着她，这对我们双方而言都具有意义。我的回应还隐含着一个关键事实：我是一个独立于她之外的主体。也正因如此，我才有可能见证（Poland，2000）她童年时所遭受的性侵以及这一创伤在她当下生命中的持续回响。这种作为见证者的在场，是分析工作的一个本体论维度。

结语

在分析会谈中，时间的经验总是同时具有共时性和历时性的维度。在共时性时间的体验中，所有时间都以过去在我们身上留下的印记的形式，活在此刻之中。将创伤带入分析的病人，既需要分析师与其共同创造并共同体验这段创伤经验（以共时性方式），使他／她在体验中不再孤单；同时，病人也需要分析师作为一个独立的他者，能够见证他／她所经历的童年创伤及其持续的影响（以历时性的方式）。两种时间体验缺一不可，承载了"共同经历"与"被见证"的双重需求。

参考文献

Bion, W. R. (1967). Notes on memory and desire. In *Wilfred Bion: Los Angeles Seminars and Supervision*, ed. J. Aguayo & B. Malin. London: Karnac, 2013, pp. 136–138.

Eliot, T. S. (1919). Tradition and individual talent. In *Selected Essays*. New York: Harcourt, Brace, and World, 1960, pp. 3–11.

Eluard, P. (1968). *Oeuvres Completes*, Vol. 1. Paris: Galliamard, p. 986.

Faulkner, W. (1951). *Requiem for a Nun*. New York: Random House.

Freud, S. (1918). From the history of an infantile neurosis. *SE* 17. London: Hogarth Press, 1955, vol. 88, pp. 681–684.

Ogden, T. H. (1994a). The analytic third: Working with intersubjective clinical facts. *Int. J. Psychoanal.* 75: 3–20.

Ogden, T. H. (1994b). *Subjects of Analysis*. Northvale, NJ: Jason Aronson.

Ogden, T. H. (2014). Fear of breakdown and the unlived life. *Int. J. Psychoanal.* 91: 205–224.

Ogden, T. H. (2017). Dreaming the analytic session: A clinical essay. *Psychoanal. Q.* 86: 1–20.

Poland, W. (2000). The analyst's witnessing and otherness. *J. Am. Psychoanal. Assn.* 48: 80–93.

Winnicott, D. W. (1967) Mirror-role of mother and family in child development. In *Playing and Reality*. New York: Basic Books, 1971, pp. 111–118.

第 5 章

如实返还：
分析中的关系回馈与真实存在

——论温尼科特的《母亲和家庭在儿童发展中的镜像角色》

温尼科特（1967）在其论文《母亲和家庭在儿童发展中的镜像角色》（Mirror-role of mother and family in child development）中提出了他对自我体验的形成的重要思想。在我看来，这篇文章是温尼科特关于"自我是如何生成的"这一议题最具洞见的论述之一。文中他描述了自我生成的早期历程：婴儿通过在母亲的面孔中映见自身，逐渐发展出"我存在"的体验。

母亲的面孔里映出什么

温尼科特在文章开头写道："在个体情感发展的早期阶段，镜子的前身是母亲的面孔"（p.111）。他随后的整个论述都围绕这个思想展开。

温尼科特首先向我们描述了他对早期发展过程的总体理解：

> 简而言之，在人类婴儿情感发展的早期阶段，环境（实际上在这个阶段，环境尚未从婴儿中分化

第 5 章　如实返还：分析中的关系回馈与真实存在

出来）发挥着至关重要的作用。随着发展的推进，"非我"开始从"我"中分化出来。最为重要的变化之一是母亲作为客体存在的环境因素，从婴儿的经验中逐渐被分离出来。

（p.111）

换句话说，在生命之初，婴儿与母亲（亦即环境）处于一种尚未区分的融合状态——在婴儿的主观体验中，母亲还不是一个"外在的他者"；而随着发展进程，婴儿逐步能够将"非我"的母亲从"我"的感受中区分出来。在这个过程中，主体与客体是共同生成的：没有客体就不会有主体，同样，没有主体也不会有客体。

> 一开始，婴儿被抱着，被适当地照料；在这样的基础上（这些对婴儿而言是理所当然的前提），婴儿被呈现于一个客体面前，由此，婴儿应得的全能体验不会被打破。这种安排的结果是，婴儿能够使用这个客体，并体验到这个客体仿佛是一个由他/她创造的主观客体。

（p.112）

这里所描述的是一个幻觉性阶段。在这一阶段，母亲尚未被体验为一个独立的客体（对婴儿来说，母亲仍是一个主观客体，是婴儿自身的延伸）。后来，婴儿才能"使用这个客体",也就是将母亲当作一个真正独立于自身的、客观存在的人来对待。

在简要描述了婴儿的全能幻觉体验以及随后逐渐发生的幻灭过程之后,温尼科特提出了一个问题:"当婴儿第一次把母亲看作一个独立的人时,他/她看到的是什么?"

> 此时此刻,婴儿开始环顾四周。一个正在吃奶的婴儿或许不会看向乳房,而更可能去看脸(Gough,1962)。那么婴儿看到的是什么?为了回答这个问题,我们必须借助与精神分析病人工作的经验——这些病人能够回溯至非常早期的现象,并且在他们觉得可以的时候,将其言说出来,而又不至于冒犯那些前语言的、尚未被说出的、也许唯有借助诗歌才能表达的细腻体验。
>
> (p.112)

令人惊讶的是,温尼科特在回答婴儿看到的是什么这个问题时,并未依靠他作为儿科医生所接触过的成百上千组母婴的观察经验⊖,而是依赖于他在分析关系中与病人的临床经验。我猜想,温尼科特可能会说,在分析中,有些病人能够在退行状态中与他一同再次体验那些早期情境,

---

⊖ 温尼科特原为儿科医生,后转向精神分析,他对母婴关系的理解深植于早年行医经验之中。——译者注

第 5 章　如实返还：分析中的关系回馈与真实存在

并告诉他，他们当下的内在感受；相比之下，婴儿——作为尚未进入语言阶段的存在——无法描述其主观体验。在这一点上，我与温尼科特的出发点略有不同，因为根据我的亲身经历，我的孩子在婴儿时期曾引发我进入某些心理状态，而这些状态似乎正是他们以具体方式将自身的心理体验传达给我所引发的。（詹姆斯·格罗茨坦曾告诉我，英语是他的第二语言。这让我颇为震惊，因为我认识他已 25 年，却从未察觉。我便问他的第一语言是什么。他答道："婴儿语。"）

接下来，温尼科特用三句话阐明了他这篇论文的核心要点：

> 婴儿在看母亲的脸时看到了什么？我想说，通常情况下，婴儿看到的是他自己。换句话说，母亲在看着婴儿，而她的长相取决于她看到了什么。
>
> （p.112）

在这三句话中的第二句里，温尼科特指出，婴儿在母亲的脸上看到的是他自己。紧接着的第三句里，他对这一观点作了补充："她的长相取决于她看到了什么。"在这第三句话里，温尼科特引入了两个至关重要的限定条件：婴儿看到的是某个像他自己的东西，以及某种与他自己相关的东西。这两个条件打开了一个空间，让婴儿和母亲都可以在其中进行想象性的思考。婴儿所看到的并不是机械而无生命的镜中倒影；婴儿所看到的是母亲的创造——母亲对于她在婴儿身上所见之物做出的生理和情感回应。健康状态下的母亲能够看到她的婴儿是怎样的一个人，并且因他本来的样子而感到愉悦。

这里隐含着一个悖论。一方面，母亲在某种意义上"创造"了婴儿（她对婴儿的主观回应是一种属于她自身的创造）；另一方面，母亲也客观地"发现"了婴儿（她识别出婴儿身上那些独特的特质，而这些并非她虚构的）。我们不能问"母亲是在创造婴儿，还是在发现婴儿"，就如同我们不能问一个孩子，他正在玩的消防车到底是真的还是假的一样。○ 母婴之间的镜映体验是一种游戏的形式。这个悖论不能被解决。温尼科特要求，对于游戏、镜映以及一切想象生活中潜藏的悖论，我们必须"接受它，容忍它，并再次接受它，而不要试图解决它"（Winnicott, 1971, p. XII）。

从某种意义上说，当母亲注视并回应婴儿时，她必须做到"无知"，因为如果她预先就"知道"一切，那便

○ 温尼科特（1971）在《游戏与现实》中指出，游戏属于"过渡空间"，一种介于主观幻想与客观现实之间的心理领域。在此空间内，孩子对玩具（如消防车）的态度既非全信其真，亦非全知其假，而是处于"仿若"状态。该比喻用于说明母亲对婴儿的回应既包含主观创造，也承认其客观存在，两者不可被二元对立所划分。——译者注

只是她的投射，而非对婴儿本来的回应。基于这种理念，温尼科特（1969）谈到他的分析工作时说，他之所以做解释，"主要是为了让病人知道我所理解的边界"（p.86-87），也就是让病人知道，他所知道的是有限的。

认同的缺失

一个人若没有另一个人（通常是母亲）的回应，来帮助他看见自己是谁，就无法以健康的方式成长。在缺乏母亲或他人回应的情况下，婴儿可能会体验到自己仿佛不是任何人，或感到自己只是某种人的模仿，是母亲希望他成为的那个人，或者是某种替代了"作为独一无二的自己被看见"的经验的东西。

当然，温尼科特绝不是天真地认为母亲总能轻而易举地回应婴儿。他十分清楚，在回应婴儿的过程中，母亲可能会面临诸多困难。他写道：

> 我想请大家不要把那些正在照顾婴儿的母亲做得很好的事情视为理所当然。我不妨直接举一个极端的例子，有些婴儿的母亲把自己的情绪反映给婴儿，或者更糟，她把自己僵化的防御反映给婴儿。那么在这样的情形中，婴儿看到的是什么？
>
> （p.112）

世上有"好带的"婴儿和"难带的"婴儿。有些婴儿能立刻从母亲和这个世界中获得愉悦,另一些婴儿则觉得这个世界过于喧闹,光线过强,刺激过多。难带的婴儿往往在吃奶、入睡,或让身体贴合母亲的怀抱方面遇到困难。对于一个无法被安抚的婴儿来说,他母亲的脸上很可能会流露出焦虑——她不仅担心婴儿到底发生了什么,也怀疑自己是否有能力照顾这个婴儿,甚至怀疑自己能否成为一个合格的母亲。在这种情况下,我们需要问的问题不仅是"婴儿在母亲的脸上看见了什么",还应包括"母亲在婴儿的脸上看见了什么"。

接着,温尼科特写道,"当然,母亲有个别几次未能回应婴儿,这种情况无可厚非。但许多婴儿却长期处于一种状态——他们给予了,却未得到回应"(p.112)。我对第二句的措辞印象很深。此处,温尼科特不仅将婴儿视为一个被动的接受者,也将其视为一个主动的给予者:他给予母亲自己的爱、温柔、贴合,以及眼神中传达的认同感。当母亲能从婴儿的眼中看见他对她的看见,这种给予便滋养了母亲自身。正如温尼科特曾说,"没有母亲,就没有婴儿"(Winnicott,1960),我也想补充说,没有婴儿,也就无所谓母亲。

当婴儿在母亲的眼中看见"作为母亲的她自己"时,这种体验对母亲产生的影响,在婴儿长期处于痛苦之中时

第5章 如实返还：分析中的关系回馈与真实存在

会变得格外显著。比如，对一个经常腹绞痛、体弱多病的婴儿，或一个无法持续睡眠超过一小时的婴儿而言，这些持续性的困扰会深刻影响母亲的感受。此时，母亲从婴儿的眼中看见的是一个不称职的母亲。婴儿因无法忍受痛苦而强烈地呼唤援助，他仿佛在要求母亲具备全能——只要母亲愿意，就能够解除他的痛苦。而母亲也对自身提出了全能的要求，但她无法满足这种期待，因此从这一角度来看自己，便会认定自己是个失败者。在健康的互动中，母亲与婴儿会共同创造一种相互认同的经验——他们在彼此的眼中看见对方，并从对方的眼神中看见自己。这种相互认同一旦中断，对母婴双方而言都是一种打击性的体验。温尼科特在《反移情中的恨》（Hate in the Countertransfereace，1949）一文中评论道，当婴儿让母亲感到自己是个失败者时，她会恨这个婴儿，因为她觉得"如果一开始她就让他失望了，她知道他将让她付出永远的代价"（p.201）。我想补充的是，其实母亲在"惩罚"自己这件事上，做得比婴儿有过之而无不及——哪怕她所谓的"失败"只是因为未能做到全能而已。

温尼科特指出，当母亲无法将她在婴儿身上所"看到"的东西映照回去时，会产生两个后果，"第一，婴儿自身的创造能力开始萎缩；第二，他们会以某种方式设法从环境中找回一些属于自己的东西"（p.112）。对于温尼科特来说，活着是一种创造性的活动；在"活着"（区别于仅仅"生存"）的状态中，个体始终在以想象性的方式创造自我，而这种创造部分正是在他人的回应之中发生的。如果缺乏"被认出"的经验，婴儿赋予所见以意义的能力便会退化；世界在他们眼中变得乏味无趣，或令人困惑不解。

读到这篇关于婴儿创造力萎缩的描述时，我想起了我曾经治疗过的一个精神分裂症的少年，我们称他为G。我在一个长期住院病房里对他进行了三年的治疗。G的症状之一是他习惯不停地在自己长大的街区附近游荡；当感到困倦时，他会随意走进某户人家，找到一张床便躺下入睡。在他眼里，每一张床彼此都没有差别——哪张床都一样。

在每周五次的高频分析中，有一段时间，G与我唯一的互动方式就是模仿：我的每一个身体动作、每一句话、每一个表情、每一个姿势，他都一一复制。他的这种无休止的模仿逐渐耗尽了我的自我感，我能感受到自己正在一点点消失，仿佛变成了一个没有"我"的空壳。随着时间推移，我逐渐理解到G对我的模仿，其实是在传达他的内在体验——他曾注视着他那严重精神失常的母亲的眼睛，却在其中看不到"生命的活力"，也看不到任何真正理解他、回应他的表情或反应；他所看到的，只是一个毫无生

第5章 如实返还：分析中的关系回馈与真实存在

命力、令人窒息的存在：一个"像是母亲"的形象，却并非真正活着的母亲；一个"像是人"的外壳，却没有真实的内在生命。在他母亲的眼里，一切都是可以互相替代的，没有任何东西具有个体意义。对于她来说，G 既是所有人，又谁都不是；他的存在不过是"活着"这件事的一个空洞的仿品。

看见与被看见的双向过程

在讨论母亲无法表达她所"看见"的后果时，温尼科特写道：

> 婴儿逐渐习惯于这种思维，即当他/她看时，所看到的只是母亲的脸（而不是母亲对他/她本身的回应）。此时，母亲的脸就不再是一面镜子。因此，"感知"取代了"统觉"；[一] 感知取代了原本可能成为与世界之间重要交流开端的东西—— 一个双向过程，其中自我得以丰富，并且在所见之物的世界中不断发现意义。

（p.112–113）

[一] 此处"感知"(perception) 指被动接收，"统觉"(apperception) 则强调在经验中主动赋义，是一个交流性的心理过程。——译者注

有些婴儿在母亲的脸上看不到对自己的回应，他们看到的只是母亲对她自身的担忧、恐惧、抑郁、困惑，或其他心事的投射。在这种情况下，"母亲的脸就不再是一面镜子"。"感知"指的是对视觉输入的被动接收，"统觉"则是将新的经验整合进既有的经验结构，并赋予其个体化意义的能力。

温尼科特指出，他所说的"统觉"不仅是一种接受的形式，更是一种交流的形式——"一种双向过程，其中自我得以丰富，并且在所见之物的世界中不断发现意义"。婴儿在母亲的眼中看到一个"像自己"的形象，这种经验为婴儿建立"有一个自我"的体验奠定了基础；而自我感的形成，成为婴儿赋予所见万物以意义，并在其中创造意义的前提（包括对母亲本身的意义建构）。

当婴儿无法在母亲眼中看到自己时，温尼科特描述了几种可能的应对方式。他写道："有些婴儿并不完全放弃希望，他们会研究眼前的客体，竭尽所能地试图从中看到一些本该存在的，'如果能够被感受到就好了'的意义"（p.113）。这些婴儿在努力寻找一种对其萌芽中的自我感的确认；而这种自我感，若没有母亲具体且富有情感的回应，就无法巩固。没有他者的回应，一个人便无法成为自己。

温尼科特写道，还有一些婴儿：

第 5 章　如实返还：分析中的关系回馈与真实存在

> 受到这种相对失败的母亲的逗弄，会去研究母亲多变的面容，试图预测母亲的情绪，就像我们研究天气预报一样。婴儿很快学会进行预判，"现在暂时可以不理会母亲的情绪，可以自由地表现自己；但随着母亲的脸色变得僵硬，或者她的情绪占据主导，那时候我必须压抑自己的需要，否则我的核心自我可能会受到伤害。"
>
> （p.113）

温尼科特在这里描述的是，婴儿试图从母亲不断变化的面部表情中寻找线索，以判断何时可以安全地在其中寻求关于自己是谁的映照。但遗憾的是，这样的时刻一直不会到来。

他接着写道：

> 再往前一步，就进入了病理发展的方向——婴儿对母亲情绪的可预测性变得高度敏感，但这种预测本身极不稳定，逼使婴儿将自身的容忍极限推到边界。这就带来了混乱的威胁，婴儿于是发展出一种退缩性的防御结构，或干脆只是表面地"看"，不再投入自身，也不再在所见中寻找意义（也就是说，仅仅进行感知登记），以此作为一种防御。这样的婴儿长大后，会对"镜子"以及镜子所能提供

的东西感到困惑。如果母亲的面孔是无回应的,那么镜子也就成了一件只能看见其表面,而无法借此"看到自己是谁"的东西。

(p.113)

面对母亲脸上无法掌控的表情,婴儿会试图通过将自己的心理状态投射到母亲脸上,以此"夺取"对母亲表情的掌控。这种投射带来一种短暂的幻觉:仿佛母亲的脸变得可以预测了。然而这种努力注定会失败,并且会剥夺婴儿"顺其自然地面对生活事件"的能力,也就是说,他将无法以创造性的方式去回应生活中的变故。对这样的婴儿来说,他的投射与现实之间产生了巨大的落差,外部世界因此变得混乱而无法理解。面对这种混乱与困惑,婴儿不得不"自主退缩",也就是发展出一套结构化的心理防御机制[可能表现为分裂样人格⊖(Fairbairn,1944)或自闭型人格⊜(Tustin,1981)防御]。以这种方式长大的孩子"会对'镜子'以及镜子所能提供的东西感到困惑",也就是说,他长大后将无法体会从他人眼中看到自己的价值。他不再把他人的镜映看作一种认识"我是谁"的途

⊖ 分裂样(schizoid)人格,在精神分析中指一种以退缩和人际脱离为特征的人格倾向。——译者注
⊜ 此处自闭并非指典型孤独症,而是指塔斯廷所说的自闭性防御状态。——译者注

径，而只是当作一个感官事件来"看"；他只能"看见"镜像，却无法"看进去"并触及自身，也无法将其统觉为有意义的主观经验。

健康状态下的照镜子

随后，温尼科特谈到健康的孩子是如何照镜子的。"当一个普通的小女孩审视镜中的自己时，她是在确认母亲的形象在那里，确认母亲能看见她，并且母亲与她心意相通。"（p.113）这个"普通的小女孩"在镜中看见的并不仅仅是自己，而且是母亲的注视和母亲的在场。母亲通过镜子与她"心意相通"。这一词语至少包含三重意涵：一种深层的心理联结，一种被情感承载和接住的经验，以及一种能将所见之物带回内在世界并融入自我感的过程。我认为温尼科特在这里实际上同时利用了这三个含义来描述小女孩与她在镜中所看到的母亲之间的关系：女孩向母亲敞开自己，因为母亲认出了她，回应了她，看见了她的本真；她允许自己被母亲"带住"或"托起"——母亲的注视仿佛将她拥入怀中，引领她走向更明确的自我感；母亲使女孩得以将她在母亲眼中所看到的自己，带回她的内在经验世界，内化为她的自我认知。

读到温尼科特接下来的这句话时，我起初有些困惑。

"当男孩女孩处于次级自恋阶段，而照镜子是为了寻找美并坠入爱河时，这已经表明他们对母亲持续的爱与关怀产生了怀疑。"（p.113）最开始，我觉得男孩女孩寻求美、渴望恋爱并没有什么不好。我不明白为什么温尼科特会将这样的愿望视为他们怀疑母爱是否持续存在的反映。

温尼科特随即解释道："所以，那些爱上'美'的人，与那些爱上一个女孩并觉得她很美，能看见她美在哪里的人是完全不同的"（p.113）。那个爱上"美"的男人，其实是在努力从自己身上寻找美感，因为他从未在婴儿时期从母亲的眼神中体验过"自己是美丽的""自己是可爱的"。他不断地寻找着那些原本应当存在于母亲眼中的倒影——她看见了他，并觉得他值得欣赏的倒影。

而另一个人——那个爱上一个女孩并觉得她很美，也能看见她美在哪里的人，就完全不同了。他爱上的是真实存在的女孩，而不是自己投射出去的某种理想化的"美"；他看到的是她的美，而不是自己有多美。

我引用的这句话，正是温尼科特这篇论文理论部分的结尾。

临床案例

整篇论文的大约 2/3 篇幅是临床案例。他在进入这一部分时明确表示:"我不会强行阐述我的观点。相反,我会给出一些例子,以便读者可以自行琢磨我所提出的看法"(p.113)。在我看来,这句话很好地体现了温尼科特的风格。他并不向读者灌输某种他所推崇的理论体系,而是为读者提供一些素材,邀请读者参与意义的创造。这不仅体现了他作为写作者的姿态,也展现了他作为实践中的分析师的态度。

案例一

第一个案例颇为特别,全文仅占一页篇幅。初看之下,它在临床上似乎没有太多可供分析的内容,主角也并非温尼科特的病人,而是他所说的"一位相识的女性"(p.113)。故事开头是这样的:"首先我要提到一位我认识的女性,她结婚并养育了三个优秀的男孩"(p.113)。这句话听起来仿佛带有一种贬低女性的传统观念——认为一个女人能做的无非就是养大三个好儿子。然而,我很难想象温尼科特没有意识到这句话背后的反讽意味。

接下来,温尼科特用一句画面感很强的话让我们了解到这位女性的内心世界:"幕后的真实情形是,这个女人始终濒临抑郁"(p.113)。这种隐藏的抑郁不仅困扰她自身,也影响了她的婚姻:"她每天早上都从绝望中醒来,这严重扰乱了她的婚姻生活"(p.113)。

温尼科特继续道："这种令人麻木的抑郁，每天都会在她终于起床、洗漱、更衣，并'戴上她的脸'之后，才得以压下去"（p.114）。也就是说，这位女性的抑郁仿佛在每天早晨起床、梳洗并"戴上脸"之后就结束了。显然，"戴上脸"这种带有讽刺意味的说法暗示了这种"压下去"并不是真正的康复。温尼科特用短短一段就勾勒完了这个案例，并以一句简洁但沉重的话交代总结了她的命运："这个极其聪明、极有责任心的人，最终在遭遇不幸后发展出慢性抑郁，并最终转化为长期而严重的躯体性疾病"（p.114）。

温尼科特评论说："这个案例只是正常现象的一种夸张形式——她不得不强迫'镜子'（也就是她自己）看见她、回应她。她只能自己当自己的母亲"㊀（p.114）。温尼科特推测，这位女性在与自己母亲的互动中，并没有体验过在母亲眼中看到自己。她每天早上"戴上"的那张脸，并非真正有人味的脸，而是她在母亲眼中所看到的没有生命的、呆滞的脸。

在这个案例结尾，温尼科特给出了三句耐人寻味的感

㊀ 温尼科特指出，靠自己"看见自己"不是自主体验，而是一种被迫的补偿。那是因为她从未被母亲真正看见，只能孤立地支撑起自己。这种防御虽然维持了存在感，却也遮蔽了关系的匮乏，使人活得像个"自给自足的孤岛"。——译者注

想,如同诗一般,无法直接用平铺直叙的语言来描述。尽管如此,我们每个人还是应尽力去体会和解读这几句话。

当我看时,我被看见,因此我存在。

(p.114)

短短的"当我看时,我被看见",将"看"和"被看见"这两种体验融为一体,成为一个主观与客观相互滋养的统一过程。这种相互滋养的"看与被看"体验,正是一个人成为自我的基础。而"因此我存在"中的这个"我",和前面两次出现的"我"已经有所不同,这里的"我"带有一种全新的心理状态,仿佛到达了一个此前未曾体验过的心灵位置。

温尼科特的第二个感想如下。

我现在可以放心地去看、去看见。

(p.114)

作为婴儿曾经被看见的体验赋予了一个人成长后真正看见他人的自由,因为注视他人不会再让他感到自己没有被看见过而引发焦虑。

他最后的结论如下。

> 我现在创造性地看，而我所统觉到的，也是我所感知到的。事实上，我会小心翼翼地不去"看见"那些并不存在的东西（除非我累了）。
>
> （p.114）

当我们富有创造性地看待他人时，我们一方面运用了自己独特的方式为所见赋予意义（统觉），另一方面也认真地关注着对方真实的样子（感知）。我们要避免用投射或防御性想象来"看见"那些并不存在的东西，正如温尼科特所说，"我会小心翼翼地不去'看见'那些并不存在的东西"。而他随手加上的"（除非我累了）"，则温柔而现实地提醒我们：即便如此，小心翼翼的人也终究只是凡人，也会疲惫，也会有疏漏。

案例二

温尼科特介绍了第二个病人，一位"容貌出众"的女性（p.115）。如果她能够"运用她自己"（p.115），本可以成为"任何群体中的核心人物"（p.115）。她告诉温尼科特，自己曾和一个男人去过咖啡吧。温尼科特问她："有没有人看你？"（p.115）她回答说，那个男人吸引走了所有注意，使她没能成为众人注目的焦点。

对于这个病人的童年，温尼科特并未详细交代，只是

第 5 章　如实返还：分析中的关系回馈与真实存在

略提她有"一段极为不幸的过去"（p.115）。整个分析的重点，是她能被真实地看见。如此高度概括的病史和治疗经过通常会让读者觉得意犹未尽、细节不足，但温尼科特本就只是勾勒出一幅速写而非完整肖像。他只是说道："有时候，对她来说，以一种微妙的方式被真正看见，就是她治疗中最重要的内容"（p.115）。对这位病人而言，关键不在于加深对自我的理解，而在于体验到"自己被看见"。

温尼科特用半页篇幅结束了这个简短的临床片段："这位病人对于绘画以及视觉艺术具有特别敏锐的鉴赏力，而缺乏美感的事物会让她的自我分崩离析，以至于她是通过自己感到糟糕（如解离或人格解体）来识别那些缺乏美感的东西"（p.115）。在这个案例中，重点不在于她对"美"的反应，而在于她对"缺乏美感"的反应。视觉艺术中缺乏美感的东西似乎会让这位病人感到自己被等同于"不值得看"的东西，仿佛自己本身也是"不值得被看见"的。这种被剥夺感把她撕裂，使她体验到自身内部缺乏统一性与连贯性。

在这个以及在其他临床片段中，温尼科特向我们展示了他的分析风格。需要特别指出的是，风格不同于技术。技术是一套可供传承的原则指南，用以指导分析师与病人的工作方式；风格则是分析师独特的、属于他自己的"与病人在一起"的方式,反映了他作为一个人所具有的特质,包括他的人生经历,他作为分析师累积的体验等(Ogden,2007)。他人的风格可以被欣赏,但无法也不应被模仿。

案例三

温尼科特在大约一页多的篇幅中,描述了另一个分析过程,围绕着"病人的抑郁母亲对她的影响"(p.115)展开。他说,他"不得不在很大程度上取代病人的母亲,以使病人能够作为一个人开始发展起来"(p.115)。接着,温尼科特提出了他关于抑郁的一种理解:这位病人的抑郁源于她内化了母亲的抑郁,仿佛想要替母亲承受那份痛苦。因此,分析师必须"在很大程度上取代母亲",也就是说,在分析关系中提供一种不同于原始母亲的经验场域。

关于这位病人"照镜子"的情况,温尼科特写道:

> 这个病人完全没有许多女性普遍具有的那种"对容貌的兴趣"……现在她照镜子只是为了提醒自己,"她看上去像个老太婆"(引述病人原话)。
>
> (p.115–116)

也许对这位病人来说,只看见镜子里那个自认为"像

第5章 如实返还：分析中的关系回馈与真实存在

个老太婆"的自己，总好过根本看不见自己吧。

这位病人曾请求温尼科特寄给她一张他的肖像照。温尼科特写道：

> （她）以为自己只是单纯地获得了一幅这个男人，这个曾为她做了很多事情的男人（实际上我确实做了很多）的肖像。但她需要被提醒的是，我布满皱纹的脸在某些特征上与她母亲（那位抑郁的母亲）和她奶妈的脸上的刻板神情有相似之处。
>
> （p.116）

温尼科特补充道：

> 我确信，知道这张脸所包含的信息（即我脸上的皱纹与她母亲和她奶妈脸上的皱纹之间的联系）是很重要的。同时，我也可以据此解释她对"一张能映照她自身的面孔"的寻找；而且我也注意到，正是因为那些皱纹的存在，我照片上的脸在某种程度上再现了她母亲的僵硬。
>
> （p.116）

对于这位病人来说，在温尼科特身上找到"一张能映照她自身的面孔"是非常必要的。但与此同时，她也需要温尼科特成为那个带有僵硬面孔的母亲。两者缺一不可：

这个体验既要深深扎根于她的过去（母亲），也要发生于此刻的分析关系中（温尼科特）。这正是温尼科特所说的他必须"取代"母亲时的用意：他必须在保持自我的同时充当那位母亲。这恰恰体现了精神分析中一个根本性的悖论：分析师既是病人的移情客体，又不是；既要成为过去重要他人的替代者，又要在其中保有自身的独立性。

温尼科特在结束这个临床案例时写道：

> 事实上，我的病人面容姣好，而且当她高兴时会特别招人喜爱……但事实是，一旦她感觉自己被卷入了某种关系，尤其是卷入别人的抑郁情绪时，她就会不由自主地退缩，把自己裹在被窝里，抱着热水袋，"看护自己的灵魂"。她的脆弱之处正是在这里。

（p.116）

温尼科特评论说病人"面容姣好"，这是在撰写分析报告时的一种"出格"做法。他的叙述语调充满个人情感，毫不掩饰地表达了他对这个女人的喜爱——他喜欢她的脸，也喜欢她这个人。他以她本来的样子看待她，包括她无法容忍他人的抑郁，以及她在面对关系压力时需要缩回被窝的防御。他能够看见、接纳，甚至可以说，爱这个病人真实的样貌，连同她的坚强与脆弱。

第 5 章　如实返还：分析中的关系回馈与真实存在

案例四

温尼科特在开始第四个临床案例时写道："在写完上面的所有内容之后，有一位病人在一次分析会谈中带来的材料，似乎正是基于我在写的这些内容"（p.116）。温尼科特描述，当分析进行到那个阶段时，他正忙于撰写这篇关于婴儿如何通过在母亲眼中看到自己而获得存在感的论文。值得注意的是，温尼科特并未明确指出，他当时实际上正在描绘一种情形：病人在创造性地镜映着他，认出了他此时此刻的存在。在我看来，这种对温尼科特的认知与呼应，体现了分析关系中一个重要的过程——相互承认。温尼科特很可能特意留有空白，让读者自行去体味和发现这一点。

在这个最后的临床案例中，温尼科特实际上铺陈了他关于精神分析实践中何为"变革性因素"⊖的理论基础，并阐述了分析师如何促进这一要素的发展。他讲述了一位病人，这位病人的婴儿时期，其母亲的态度是"除非正在积极地与婴儿建立正向联结，否则总是与其他人在交谈……婴儿看向母亲时，看到的是母亲在和别人说话"（p.116 - 117）。

在一次会谈中，这位病人提到英国画家弗朗西斯·培根（Francis Bacon）喜欢在自己的画作上覆盖玻璃，这

⊖ 变革性因素（mutative factor）指促使个体心理结构发生深层变化的治疗性经验，通常来源于关系中的被看见、被回应，而非单靠解释。——译者注

样观众不仅能看到画本身，还能在玻璃上看到自己的倒影。随后，这位病人又提到了拉康的"镜像阶段"⊖，但"她未能建立起我所感知到的那个联系，即镜子与母亲的脸的关联，最初的镜子其实是母亲的脸"（p.117）。

温尼科特写道：

> 我在这次会谈中没有把这个关联点告诉病人，因为病人基本上正处于自己发现一些事情的阶段。如果在这种情况下过早给予解释，会扼杀病人的创造力，并会对其造成创伤，因为那违背了其自身成熟发展的进程……心理治疗不在于做那些聪明而贴切的解释；总体而言，它是在一个长期过程中把病人带来的东西还给病人。
>
> （p.117）

换言之，作为分析师，我们的工作并不是对病人无意识中发生的一切给出"聪明而贴切"的诠释；相反，我们的任务是"在一个长期过程中把病人带来的东西还给病人"，也就是如同一面镜子，把病人在治疗中呈现的东西真实而无添加地映照回去。

⊖ "镜像阶段"（Le Stade du Miroir）是拉康提出的理论，指婴儿通过镜中影像认同自我；而温尼科特强调，婴儿最初的镜子是母亲的脸，通过母亲的回应，婴儿体验到自己的存在。——译者注

第 5 章　如实返还：分析中的关系回馈与真实存在

接着，温尼科特阐述了他对精神分析目标的理解。他的所有著作中，很少有地方能像这里一样，把他的整个精神分析理念表达得如此深刻：

> 如果我能够很好地做到这一点（指避免自作聪明地解释），病人就会找到他/她自己的自我，并且能够存在，能够感到自己"真实地活着"。感觉自己真实地活着，不仅意味着存在，意味着找到了一种以自己本来的样子存在于世界中的方法，还意味着能够以自己本真的样貌与客体建立关系，并且拥有一个可以退隐其中以获得休憩的自我空间。
>
> （p.117）

在以上两段引文中，我们看到了温尼科特对精神分析所做的革命性贡献。我们描述分析工作的语言，已经从"让无意识变为有意识，化解无意识冲突"的旧语言，转变为温尼科特所提出的新理念——分析师的角色不是去做聪明的解释，而是保护病人创造性的自我发现的需要与权利，让病人在自主发现的喜悦体验中，感受到真实和鲜活。分析师的职责，就是当病人逐渐发现那些也许分析师早已觉察的内容时，有意识地从道路上让开。通过守护病人亲自发现的过程，分析师不仅在守护发现本身，更重要的是守护病人经历"发现"这一活生生、带有生命力的体验。

参考文献

Fairbairn, W. R. D. (1944). Endopsychic structures considered in terms of object—relationships. In *Psychoanalytic Studies of the Personality*. London: Routledge & Kegan Paul, 1952, pp. 82–132.

Gough, D. (1962). The behaviour of infants in the first year of life. *Proc. Roy. Soc. Med.*, 55.

Ogden, T. H. (2007). Elements of analytic style: Bion's clinical seminars. *Int. J. Psychoanal.* 88: 1185–1200.

Tustin, F. (1981). *Autistic States in Children*. Boston, MA: Routledge & Kegan Paul.

Winnicott, D. W. (1949). Hate in the countertransference. In *Through Pediatrics to Psycho-Analysis*. New York: Basic Books, 1975, pp. 194–203.

Winnicott, D. W. (1960). The theory of the parent–infant relationship. In *The Maturational Processes and the Facilitating Environment*. New York: International Univ. Press, 1965, pp. 166–170.

Winnicott, D. W. (1967). Mirror-role of mother and family in child development. In *Playing and Reality*. New York: Basic Books, 1971, pp. 111–118.

Winnicott, D. W. (1969). The use of an object and relating through identifications. In *Playing and Reality*. New York: Basic Books, pp. 86–94.

Winnicott, D. W. (1971). Introduction. In *Playing and Reality*. New York: Basic Books, pp. xi–xiii.

第 6 章

呼吸如起伏的鸟腹：
鲜活的身体
—— 论温尼科特的《心灵及其与心理 – 躯体的关系》

温尼科特（1949）所写的《心灵及其与心理–躯体的关系》（Mind and its relation to the psyche-soma）是一篇非常艰深的论文。我迟迟未敢动笔讨论这篇文章，已有20多年。直到现在，当我觉得自己对心理（psyche）与躯体（soma）、心灵（mind）与身体（body）、想象性的自我（imaginative self）与鲜活的身体（alive body）之间的多重含义有所领会之后，我才尝试对这篇论文进行阅读和阐释。在温尼科特的这篇论文中，这些成对的词彼此滑移、交融，常常需要读者自行辨析其中的区别。在我看来，温尼科特在写这篇文章时，并不是"先思后写"，而更像是"边写边思"。他一边写作，一边展开思考，直到文章末尾，他才将某些观点发展得较为充分。就温尼科特的写作而言，这篇论文算是篇幅较长且颇为曲折的一篇。它经常让读者觉得自己已经失去了对文章主旨的把握，而事实上，那主旨本身就是一个不断移动的靶子。

第6章 呼吸如起伏的鸟腹：鲜活的身体

依我之见，这篇论文是温尼科特最重要的贡献之一。在文中，他将自己与克莱因和弗洛伊德区分开来（后者将精神分析主要理解为一个认识论过程，即理解和领会无意识内容的过程）。与弗洛伊德的观点相反，温尼科特在这篇论文中，将重点从认识论维度转向本体论维度，也就是有关"存在"与"成为"的维度（Ogden，2019）。举个例子，当克莱因和弗洛伊德关注的是游戏的无意识意义时，温尼科特在本文中所关注的却是玩耍（或呼吸）这一经验本身，也就是一种"存在状态"。两年后，这种关注重点的转变促成了温尼科特或许最为重要的单一贡献——过渡性客体与过渡性现象的概念（Winnicott，1951），即我们栖居于幻想与现实之间，在发现客体世界与创造客体世界之间的那个想象空间。

在我对温尼科特这篇论文的"创造性阅读"中，我不仅阐释和解读了他的文字，也对相关主题表达了我自己的回应。当温尼科特将某些含义留给读者自行体会时，我会通过丰富那些我认为隐含于其文字之中的意义来"书写温尼科特"。

我发展出了一些温尼科特仅仅暗示提及的思想，包括：①在临床实践中，温尼科特一方面亲身参与病人的经验，另一方面也为这些经验赋予了未曾表达的意义结构；②温尼科特引入了一整套术语与思维方式，它们独立于弗洛伊德的心理地形学模型中的意识与无意识区分之外。这套术语与观念包括鲜活（aliveness）与死寂（deadness）、真实（realness）与不真实(unrealness)、持续存在(continuity of being)与存在的中断(disruption of continuity of being)等。需要强调的是，这些术语并未取代意识/无意识这一概念体系，而是与其并列存在，共同运作，为我们提供了另一种思考经验的角度。

心灵作为心理-躯体的功能

温尼科特（1949）在文章开头引用了克利福德·斯科特（Clifford Scott，1949）的一句话："我并不认为心灵真正作为一个实体而存在"（p.243）。接着，温尼科特阐明了他探讨"心灵"这一议题所持的基本立场——"研究'心灵'这一概念，必须始终立足于一个具体的、完整的个体，并且纳入该个体从其心身存在之初开始的整个发展历程"（p.243）。温尼科特在研究人类经验时，总是从起点开始。

当个体的早期发展是健康的，"那么心灵不过是心理-躯体功能的一个特例"（p.244）。在健康状态下，心灵不是心理的产物，而是心身整体的表现。在温尼科特的语境中，"心灵"更像是动词而非名词：它是一种活动，是心理-躯体功能的一个面向。

第6章 呼吸如起伏的鸟腹：鲜活的身体

为了建立探讨"心灵"与"心理－躯体"问题的语言体系，温尼科特指出，心理层面与生理层面不应被"对立"起来（p.244）。他在此并未详细说明原因，只是提示我们不应将"心灵"与"大脑"，以及"心理活动"与"物质实体"彼此对立。在文章结尾，温尼科特补充了关键性的话，而我将他在文章结尾才补充的这段关键说明提前放在解读开头，因为我在通读全文时始终依赖它来理解整篇文章的主旨。他写道："将心理层面与生理层面对立起来是不合逻辑的……因为这两者并不属于同一种'材质'"（p.254）。这是一个关键性的区分。心理是一种经验形式，不具有特定的所在位置；生理则存在于身体之中，而身体是一个有形之物。温尼科特在此语境中使用"心理"一词，指的是"以想象方式活着"的经验（即一种不具定位性的主观活力状态）；而"躯体"指的是"身体活着"的经验（即一种物理鲜活感），它同样不等同于身体或大脑——后两者是"有形有位的物体"。

紧接着的一段论述是论文中最丰富的段落之一，它进一步阐明了"心理－躯体"这一概念的内涵，以及为什么不应将心理与生理对立起来：

> 那么让我们尝试从个体发展的最初阶段来思考。起初，有一个身体，而心理与躯体之间的区分

> 仅取决于我们观察的视角。我们可以从"成长中的身体"来看，也可以从"成长中的心理"来看。我想在这里，"心理"一词所指，是对身体各部分、各种感觉与机能，也就是对身体鲜活度所进行的富于想象的展开。
>
> （p.244）

换言之，在生命的最初阶段，存在的是一个身体，以及尚未区分开的"心理-躯体"状态。这个"心理-躯体"不是位于身体之内的，而是一个不同于身体，但与身体相关的经验领域。温尼科特设想从不同视角观察不可分解、无法定位的心理-躯体：既可以从心理的角度，也可以从躯体的角度。从心理的视角出发，他写道："我想在这里，'心理'一词所指，是对身体各部分、各种感觉与机能，也就是对身体鲜活度所进行的富于想象的展开。"我总是对"身体鲜活度"这个词感到惊讶。我原以为"心理"应当指向心理功能或认知过程，但在温尼科特的理解中，"心理"是一种能以想象方式创造身体鲜活经验的心理功能。他用鲜活的经验来界定身心健康的意义——心理的鲜活与躯体的鲜活密不可分；心理通过想象赋予身体以鲜活感。他在段落结尾写道："个体并不觉得心理定位于大脑中，事实上也不觉得其定位于身体的任何部位"（p.244）。

第6章 呼吸如起伏的鸟腹：鲜活的身体

我要补充的是，躯体的经验同样不会被感知为定位于身体的任何局部。

换言之，不可将心理等同于大脑，也不可将躯体等同于身体。这是一个至关重要的区分。心理 – 躯体并不存在于任何具体位置。躯体不存在于任何地方，甚至不存在于身体之内。身体是一个"东西"，而躯体是一种经验。躯体是"身体鲜活度"的经验；心理是"想象中鲜活"的经验。心理 – 躯体（psyche-soma）不应与身心（mind-body）混淆；健康的心理 – 躯体最准确的名称其实应是"自体"（the self）。温尼科特写作时是一边思考一边前进的。在这篇论文的早期阶段，他还没有明确地区分出我在此所做的概念划分；但即便如此，我发现在文章初期，做出这些区分对我的思考而言也是必要的。

温尼科特似乎倾向于用动词而不是名词来描述心理 – 躯体的运作功能，但他本人并未完全实现这一语言转变。例如，他使用了形容词加名词结构"富于想象的展开"（imaginative elaboration），而不是使用副词加动词结构"富于想象地展开"（imaginatively elaborating）；类似地，他使用了"身体鲜活度"（physical aliveness）这一形容词加名词结构（身体可看作形容词"身体的"），而不是使用"在身体上鲜活地存在"或"让身体鲜活起来"（being physically alive / coming to life physically）这类短语。我认为，在这些地方使用动词性表述其实对温尼科特的论点至关重要，尽管他本人未曾如此明确表述。

随后，温尼科特进一步描述了心理－躯体的发展过程：

> 随着时间推移，成长中的个体在心理与躯体这两个方面之间逐渐形成了一种互相关联的过程。这种"心理－躯体"的相互关联，构成了个体发展的早期阶段……在稍后的阶段，"鲜活的身体"（具有其界限，并有内在与外在之分）被个体体验为构成"想象性的自我"的核心。
>
> （p.244）

这里特别值得注意的是，温尼科特写的是"鲜活的身体"（live body），而不是"身体（body）"，因为"鲜活的身体"指的是一种被经验到的、不可具体定位的存在状态，它是个体感受到的某种活着的形式；而"身体"是一个可以被指认和定位的具体物体。正如"身体鲜活度"是心理对躯体的富于想象的展开，"想象性的自我"作为一种心理鲜活性的体现，也以内在经验中的"鲜活的身体"为其感知核心。

第 6 章　呼吸如起伏的鸟腹：鲜活的身体

心灵理论

温尼科特的论文的第一部分探讨了从生命伊始开始的"心理"与"躯体"概念，以及它们与"大脑"与"身体"概念之间的区别；本节转向讨论婴儿"存在状态"（states of being）的发展过程，以及这一发展如何与心理－躯体的形成相关联。温尼科特写道：

> 我们可以假设，个体早期发展的健康状态意味着"**持续存在**"。只要这种持续存在不被打断，早期的心理－躯体就会沿着某一发展轨迹自然前行；换句话说，早期心理－躯体的健康发展需要一个"**完美的**"环境。在一开始，这种需要是绝对的。
>
> （p.245）

婴儿早期的发展包含大量不同的情感状态，但在温尼科特看来，对心理－躯体健康发展而言最为重要的是"持续存在"的体验。而要维持这份"持续存在"不被扰动，环境就必须是"完美的"（p.245）。他写道："在一开始，这种需要是绝对的"（p.245）。但我在读到这里时忍不住想抗议：母亲不可能真正做到"完美的"。婴儿的"持续存在"总会不可避免地受到扰动，而这些扰动会引发防御活动，其遗留物也将构成人类的不可分割的一部分。我相信温尼科特其实也会同意这一点，那么为什么他没有这么说？为什么他不用"近乎完美"这样的词呢？

为了回应这些疑问，我想指出，温尼科特此处说的是婴儿"对完美环境的需要"。然而，婴儿所需要的，并不总是他所获得的：

> 所谓完美的环境，是指能积极地适应新生心理－躯体需要的环境，在观察者看来，这个新生的心理－躯体就是婴儿本身。而所谓糟糕的环境，则是因为它未能适应婴儿的需要，反而对其造成了侵扰，从而迫使心理－躯体（即婴儿）做出反应。而这种反应，会扰乱新生个体"持续存在"的进行。
>
> （p.245）

"持续存在"（是温尼科特创造的术语）是一个没有主语的动词表达，用来描述婴儿在生命早期，尚未成为主体的一种存在状态。如温尼科特（1960，p.587）所说："没有脱离母亲而独立存在的婴儿。"婴儿此时尚未成为一个主体，母亲替婴儿承载着他的主体性，直到他准备好自己接纳它为止。

温尼科特接着写道："在最初阶段，良好的（心理）环境是一种物理性的环境，婴儿尚在子宫中，或被抱着、被照料着"（p.245）。在温尼科特看来，"抱持"不仅是母亲将婴儿抱在怀里的身体行为，更是她在心理上维持婴儿"持续存在"的情感性工作。

他进一步具体描述了心理-躯体得以成熟的条件：只有随着时间推移与个体的发展，婴儿对完美的环境的需求才会变得不再绝对，这意味着母亲可以不再是完美的，而成为：

> 普通而良好的母亲（ordinary good mother），能凭借自身的奉献精神来调适对婴儿的回应；而这种奉献之所以成为可能，是因为她拥有自恋、想象力和记忆，而这些情感特质让她能通过认同来知道婴儿的需要。
>
> （p.245）

我对这一段进行了扩展性阐释：这位普通而良好的母亲，是一个具有自身主体性的人。她运用了自己的自恋（例如对婴儿的骄傲感，以及对婴儿的掌控感）；她也是自身真实的或想象的婴儿期与童年记忆的产物。她"用想象将婴儿召唤入存在"（Ogden，2004a），这种想象方式既富有创造性，同时也为婴儿设定了某种限度。正是自恋、想象力与记忆这三种情感特质，使母亲能够对婴儿产生认同，并借助这种认同来"知道婴儿的需要是什么"。

在对"普通而良好的母亲"的描述中,温尼科特描述的是一个拥有普通愿望、需要、记忆、优点与脆弱的具体的人。她运用自身的经验,将自己想象性地置于婴儿的位置,从而逐渐领会婴儿真正需要的是什么。

经过一段时间,婴儿(以及正在发展的心理－躯体)不再需要一个完美的环境:

> 普通的、足够好的母亲就足够了。如果她**足够好**,婴儿就能通过心理活动来包容母亲的不足……甚至包括对母亲的消极照料或"鲜活的忽视"的需要。
>
> (p.245)

婴儿能够利用这种"鲜活的忽视"。我认为,这一词语意指母亲允许自己"忽视"婴儿(即让婴儿独处),但仍对婴儿保持鲜活的在场。温尼科特在这里巧妙地使用了"忽视"这个词,所指并非冷漠,而是一种母亲作为客体从知觉上退场,但作为环境仍然在场的状态。这也正是他后来(Winnicott,1958)所描述的一种经验情境——婴儿在母亲的陪伴之下发展出独处的能力。温尼科特写道:"是什么使母亲不再需要近乎完美呢?是婴儿的理解"(p.245)。在我看来,这里的"理解"是指婴儿能够解读母亲的状态,并且当母亲努力回应他的需要但未能成功

第 6 章　呼吸如起伏的鸟腹：鲜活的身体

时，他能对母亲表现出一种同情的能力。温尼科特进一步指出："婴儿的'心理活动'使一个'足够好的环境'变成了一个'完美的环境'"（p.245）。婴儿的心理现在具有了填补母亲所不能供给之处的能力。在这一刻，母婴关系中不仅有一个联体单位的经验，也出现了两个分化的人格。

此时母亲的功能发生了转变："她试图使婴儿免受偶发事件和超出其理解范围的事件的影响"（p.245）。我理解这句话的意思是，足够好的母亲意识到，婴儿常常会把自身的内在感受或行为与外界事件建立因果联系。比如，母亲因为与丈夫争吵或所爱之人去世而情绪低落、情感抽离（抑郁），而这一刻，婴儿正沉浸在"肌肉情欲"⊖（Winnicott，1952，p.236）的体验中，并在咬吮乳头时表达出他的"无情的爱"⊖（Winnicott，1947，p.201），获得身体上的愉悦。这时，婴儿可能会将母亲的退缩归因于自己的存在与行为。为了减轻这种"巧合"的心理后果，"母亲让婴儿的世界尽可能简单"（Winnicott，1949，p.245）。我认为，"尽可能简单"意味着母亲努力

⊖ 肌肉情欲（muscular erotism）指婴儿通过如吸吮、咬乳等肌肉活动所体验的原始快感，是早期非对象化的身体愉悦。——译者注
⊖ 无情的爱（ruthless love）指婴儿在未发展出同理心前所表达的爱，如不顾母亲感受地咬乳头，直接而真实。——译者注

减少外部世界对母婴共享空间的干扰，并尽可能使自己对婴儿的回应在这一共在世界中是可以理解的。

在讨论心灵与心理-躯体的关系时，温尼科特写道：

> 心灵的根源之一，是心理-躯体功能中的一种变动形式，它在环境适应失败后，承担着应对"持续存在"遭遇威胁的功能。因此，心灵的发展在很大程度上受到许多非个体性因素的影响，包括各种偶发事件。
>
> （p.246）

此处，"心灵"一词被用来指称心理-躯体的一个功能面向，它在"持续存在"受到威胁时被动激活，用以调节或应对这些威胁。这种威胁既可能源自母亲未能成功适应婴儿的需要，也可能来自与婴儿本身无关的偶发事件，例如婴儿的突发疾病、祖父的去世，或母亲对父亲情绪崩溃的反应等。在更早的论述中，温尼科特将"心灵"视为心理-躯体功能的一种健康形态，即一种以身体为基础，逐渐发展出的心理活动。而在此处，"心灵"被重新界定为一种防御机制，其功能在于维持婴儿尚未中断的"持续存在"状态。

我们现在遇到了一系列指涉心理与身体的术语，这些术语在很大程度上是通过它们的使用方式来界定的。

第 6 章　呼吸如起伏的鸟腹：鲜活的身体

以心理相关术语为例，包括"心理""心灵""心理－躯体""心理活动""思考""理解""持续存在"和"持续存在"；涉及身体的术语有"身体""躯体""身体层面""鲜活的身体"以及"身体鲜活度"。温尼科特在之后会对这些术语做出一定的区分，但读者仍需容忍相当程度的不确定性，许多概念的区分最终仍需要由读者自己去体会与厘清。

此时，温尼科特稍作退步，再次强调了一个观念："根据这一心灵理论，个体的心灵发展植根于一种深层的需要，那就是自我核心对'完美的环境'的渴望，这或许正是心灵最重要的根源"（p.246）。这是温尼科特第二次提到心灵的"根源"。第一次，他说心灵的一个根源是心理－躯体对于"持续存在"受到威胁时做出的反应；而此处，他引入了第二个根源（"也许是最重要的根源"），即个体自我核心对"完美的环境"的需要。因此，心灵的根源既包括婴儿对完美的环境的原初需求，也包括婴儿在"持续存在"受到威胁时所采取的防御性应对。

温尼科特进一步阐明了"心理""心灵"与"心理功能"三者之间的关系：

> 母亲的某些失当之处，尤其是反复无常的行为，会引发婴儿心理功能的过度活跃。在这种由不

> 稳定的母婴互动激发出的心理活动过度增长中，我们可以看到心灵与心理-躯体之间可能形成一种对立。因为在这一异常环境中，个体的思考开始接管并组织对心理-躯体的照料，而在健康状态下，这一功能原本应由外部环境承担。
>
> （p.246）

在这里，"心灵"一词被用来指称过度活跃的心理活动（即过度"思考"），这一机制与心理-躯体分离甚至对立。它的运作目的并非促成"鲜活的身体"或"想象性的自我"经验，反而是通过与心理-躯体的体验切断联系，建立起一种新的防御系统。该系统借助过度思考来维系自身，并将其功能与心理-躯体及母亲的调适彻底隔离。在这样的情境中，心灵接管了原本应由母亲完成的照料心理-躯体的功能。一旦心灵脱离母亲与心理-躯体，它便进入了一个自我封闭的循环。它封闭于自身之内，对任何外部经验失去了开放性，因而无法学习，也无法成长。

随后，温尼科特提出一个问题——如果婴儿面对"吊胃口的早期环境"⊖所承受的压力愈发强烈，甚至超出了病态"心灵"所能承受的极限，将会发生什么？他写道：

⊖ 这是温尼科特描述母亲不断激起婴儿的期待，却无法给予实际回应的情境。这种反复的期待-失落经验，会干扰婴儿对环境持续性的体验，使其出现焦虑和防御性心理功能，甚至可能导致虚假自体的发展。——译者注

第6章　呼吸如起伏的鸟腹：鲜活的身体

"在这种情况下可以预期会出现混乱状态；在更极端的情境中会产生某种'心智缺陷'，而这类缺陷并非源于脑组织的损伤"（p.246）。换句话说，当环境的压力过于强烈时，婴儿的心理功能将无法处理其经验，最终陷入混乱，甚至失去进行基本认知活动的能力，出现"心智缺损"。温尼科特在此隐含的观点是，"吊胃口"或"反复无常"的母爱（p.246）有时可能比持续的忽视照料更令人难以承受。

而在"较轻程度"的吊胃口式环境中，他指出："我们可以发现心理功能变成了一种自身的存在"（p.246）。这一说法值得细读与深究。在我看来，所谓"心理功能变成了一种自身的存在"指的是心理活动脱离了身体和关系的真实基础，自我封闭地循环运作，从而阻隔了与现实对象的接触与学习。这种心理状态看似活跃，实则是一种脱离经验的虚假运转。在"鲜活的身体"与"想象性的自我"未能生成的空缺之处，是心理活动的泛滥——过度思考、过度解释、过度尝试理解一切。我想补充的是，这种"吊胃口"的环境不断许诺却从不真正回应，婴儿对其的反应要么是陷入全能幻想的控制欲中，要么是退回孤立无援的自闭状态。而在后者的极端状态中，婴儿"几乎在取代'足够好的母亲'，让她变得不再必要"（p.246）。

"从临床角度来看，这种状态可能与对真实母亲的依赖⊖ ⊜ 并存，同时形成一种建立在顺从基础上的虚假个人成长。"（p.246）要理解温尼科特所谓的"对真实母亲的依赖"是什么意思，我们不仅需要"阅读"温尼科特，还需要"书写"他，也就是说，我们必须借助他的其他理论概念，将其思想组织成具有连贯意义的内在体系。我在此借用他于1951年提出的"过渡现象"概念——这是一个介于幻想与现实之间的空间。在这个空间中，想象（即想象性的自我）得以生成并存在。值得注意的是，温尼科特在向英国心理学会宣读《心灵及其与心理－躯体的关系》这篇论文的两年后，才首次提出"过渡现象"的概念。如果借助"过渡现象"来理解此处内容，我会说对"真实母亲"的依赖，指的是对现实母亲的依赖，而不是对那个被婴儿发现并创造出来的母亲，或那个让婴儿变得鲜活起来的母亲的依赖。依赖于"真实母亲"的婴儿在"顺从的基础上"（p.246）存活下来，但他并不鲜活，也就是说，他通过迎合母亲的需要与愿望来适应环境，但这种适应是以牺牲真实的个人成长为代价的。

⊖ "真实母亲"指现实中实际存在的母亲，健康发展中的婴儿会在幻想中"发现并创造"母亲，进而发展出内在空间与真实自我。仅依附于"真实母亲"的婴儿，常以顺从维持关系，难以生成主体性。——译者注

⊜ "依赖"在此语境中指的是一种不健康的、维持生存但抑制自体发展的依赖形式。它不是积极的依恋，而是一种"让母亲高兴、迎合她"的心理策略，由此形成的成长是"虚假"的，而非真实自发的"成为自己"。——译者注

第6章 呼吸如起伏的鸟腹：鲜活的身体

> 在这样的情形下，个体的心理被从起初与躯体的亲密关系中"诱拐"进了心灵之中。其结果是一个病态的"心灵－心理"。
>
> （p.247）

当母亲未能充分适应婴儿的需要，婴儿将此体验为对"持续存在"的威胁。在这种情况下，婴儿的心理被"诱拐"离开了心理－躯体的统一体，成为温尼科特所说的病态"心灵－心理"组织的一部分。这里的新颖之处在于"心灵－心理"这个防御性组织，实际上包含了那个被诱拐出心理－躯体的心理。我还想进一步指出，心理被诱拐进入"心灵－心理"结构，它就失去了想象性地拓展身体鲜活经验的能力；与此同时，身体也失去了作为想象性的自我的核心基础的能动性。由此，心理与躯体便陷入了一种相互消耗的关系。

当心理在"持续存在"受到威胁（也就是面临即时湮灭的恐惧）而进入防御姿态时，它就容易被"诱拐"脱离心理－躯体的统一体。在我看来，心理－躯体似乎与魔鬼做了一个交易：在濒临毁灭之际，心理被虚假的生存承诺所引诱，出卖了自己。婴儿通过让自己变得麻木迟钝，并把"自我"交付出去来进行防御，但交付的对象不是那个让他干着急的母亲，而是"真实母亲"。对于婴儿来说，这位"真实母亲"不再让他感到吊胃口，因为在他的经验中，母亲已经"死"了。婴儿通过对母亲采取一种"顺从"的姿态，使自己对她变得无动于衷。这个基于"心灵－心理"（而非心理－躯体）运作的婴儿，不再被吊胃口，不再对迫在眉睫的毁灭如此恐惧，但这一切是以牺牲自身的鲜活性与真实感为代价的。

温尼科特接下来在文中举例描述了一个以"心灵－心理"方式运作的人：

> 在这样的人身上，可以观察到一种倾向——他很容易认同所有涉及依赖关系的人际关系中的环境层面……在临床上，我们会发现这样的人在分析过程中会把自己发展成在短期内对他人非常好的"母亲"；事实上，沿着这一路径发展的人或许具备某种近乎神奇的疗愈能力，因为他们极度擅长主动适应他人的原初需要。

（p.247）

初读这一段时，我以为温尼科特描绘的是一个相对健康、善于照料他人的人。这样的人有什么不好呢？温尼科特暗示了问题所在：这个人能够提供"良好环境"的能力"是有限的"（p.247）。

温尼科特接着继续描述这个拥有非凡疗愈技能的人的

第6章 呼吸如起伏的鸟腹：鲜活的身体

情况：

> 然而，这些人格功能方式的虚假性在实践中很快就显露出来。崩溃濒临发生或真的发生了，因为这个人必须找到另一个人[一]，使"良好环境（good environment）"得以真实地存在，好让他能够回到那个构成其唯一"栖身之所"的依赖性的心理–躯体。在这种情况下，"无心灵"反而成了一种渴望的状态。
>
> （p.247）

这种一个人渴望被照顾的追求听起来确实真实，但对我来说，这并不是这段文字中最令人难忘的部分。那种以心灵脱离心理–躯体方式运作的状态，意味着他始终需要"回到那个构成其唯一'栖身之所'的依赖性的心理–躯体"（p.247）。短语"唯一'栖身之所'"几乎无法用其他方式改写。从那个地方"栖身"意味着什么？意指"起源于"，还是"植根于"，是"诞生自"还是"在其中复苏"？这些释义似乎都涵盖了一部分，却都未能完全传达"唯一'栖身之所'"所蕴含的意味。

温尼科特在该段结尾补充道："在这种情况下，'无心

[一] "另一个人"并非泛指，而是指个体在经验中能真实感知其存在性的他者，其功能是唤回与心理–躯体的整合，恢复主体的鲜活状态。——译者注

灵'反而成了一种渴望的状态。"这类人所渴望的是一种无心灵的躯体状态,在这种状态中,心理和躯体(也就是鲜活的身体和想象的自我)可以融合为一体且可能被体验到(如果你愿意称之为"灵魂"也未尝不可)。(psyche一词源自印欧语,意为"呼吸"或"灵魂",用在这里来描述温尼科特关于心理-躯体的概念可谓恰到好处。)

温尼科特对这种寻求依赖性"栖身之所"的人的描述让我想起了我自己的一个病人。她年复一年地全身心投入照顾小学班上的孩子,几乎将自己与外界完全隔绝。在分析中,这位病人会把这种照顾的注意力转向我。她会对我说,较短的节日里我们不应见面,因为我"应该休息";她也会说我看上去很累(事实上我确实很累,尽管没人看出来)。与她相处令人感到温和亲切,同时却也有些乏味。

在分析进行了一段时间后,她讲述了一个梦:"我在一个码头卸货,工作非常吃力。我把一件大件家具——我想那是一架钢琴——从船上拖下来,手被严重割伤了,但我还是继续搬运。我的力气越来越弱,最后仰面倒在地上,望着一群人。我抬头看着他们,期待他们来帮忙,但他们什么也没做。"

当我听她讲这个梦时,脑中浮现出她仰躺在沙发上朝我望来的场景,仿佛发现我对她毫无用处——这正是我在与她工作时常感受到的一种体验。我对她说:"那些对你毫无用处的人，其实都是你自己。"

她沉默了，这对她来说是不寻常的。过了一会儿，她说道："不，我就是那架我试图一直背在身上的钢琴。"

我觉得她对梦的解读比我的更有意义：无用的不是一个活生生的人，而是她自己身上像死物一般的某部分——她长期背负着的那部分自己。然而，对我而言，她的反应中最重要的不是她对梦的解读，而是她对我说出"不"。在那一刻，她拒绝再顺从。我已经习惯了她以那个体贴顺从、不让分析师难堪的"好病人"的形象来照顾我，但这一次她不再这样做。在整个分析进程的背景下，我认为，正是在说出"不"的时刻，她将沉重死寂的负担转化为一个鲜活的拒绝，也就此真正"活过来"了。

临床案例

温尼科特随后提供了一个临床案例来进一步阐释他的论点（p.248）。这个论点最初是"心灵不是一个独立存在的实体"，后来扩展为关于心理与躯体、鲜活的身体、想象性的自我，以及病态的"心灵-心理"的本质等方面的探讨。本案例进一步推进了他在文章中发展的思想，呈现出一段精神分析过程，在其中，健康的心理-躯体状态首次显现。

病人是一名 47 岁的女性，她"感到极度不满足，仿佛一直在努力寻找自我却永远不得"（p.249）。她"总体上讨人喜欢；事实上，我想没有人真正讨厌过她"（p.249）。这看似轻描淡写的描述，实则传达出一种印象：她似乎是所有人的朋友，却没有真正的亲密关系。

在分析的某一阶段，她经历了一种极端痛苦的感受：好像自己的头正被压碎。随后她逐渐意识到，这种压迫感并不是来自外在的攻击，而是自己在"压自己的头"，目的是清除某种"并不属于她自己的虚假心理"（p.250）。随着分析推进，"死亡"一词渐渐不再适合用来形容她的感受，她开始用"屈服"来取代。最终，她找到了更贴切的词"不知"㊀（p.250）。尽管如此，她始终无法完全"容纳这种不知状态"（p.251）。

温尼科特继续写道：

> 在本次分析进入不知状态的这一刻，出现了一段记忆：曾看见一只鸟"一动不动，只是腹部的起伏表明它在呼吸"。
>
> （p.250）

㊀ 不知（not-knowing）是指一种被容纳的、非防御性的心理状态，个体不急于理解或控制经验，而是允许自身在"未知"中真实地存在。该状态常被视为通向心理整合与鲜活存在的关键转折点。——译者注

第 6 章 呼吸如起伏的鸟腹：鲜活的身体

在分析的这一阶段，病人反复经历着"意识的空白"（p.251），即暂时性的"失去意识"状态，并且对这段时间完全失忆。（需要指出的是，"意识的空白"与"持续存在的断裂"截然不同。前者是温尼科特与病人共同努力追求的健康发展路径，后者则意味着生存被威胁。）起初，病人坚称自己一生中从未经历过意识的空白，但随着她逐渐能够忍受一种"不知"的状态，这种空白开始"变成了她渴望得到的东西"（p.251）。对她来说，这些空白代表着一个从过度思考中暂时抽离的喘息机会。（例如，她曾把整个分析过程都详尽记录在日记中。）正是这种过度的思考，使她始终无法"找到自我"（p.249）。

随后，病人开始"猛烈地撞击自己的头部"（p.251），以此"试图制造一次意识的空白……出于一种迫切的需求，想要摧毁她自认为正在头脑中发生的心理过程"（p.251）。她之所以这样做，是为了逃离那种"如此轻易地陷入人为的自我封闭"（p.251）的思考状态。我将这种"自我封闭"理解为，她被困在一个封闭的思维回路中，与一切自身之外的事物隔绝，因而无法学习，也无法成长。这种状态"自成一体"，意味着她的内在世界变得封闭——其中的经验只是自我循环的产物，与她之外的每一个人、每一件事都断绝了真实的联系。

此时，我们必须停下来设想一下温尼科特在临床上所面对的具体场景：一位病人正在实施"猛烈地撞击自己的头部"的行为。温尼科特并未说明这种行为是否发生在与他会面期间。但无论何时发生，这种情形都要求他展现出极高的克制力，并且对精神分析过程本身，以及对自己作为分析师的角色抱有信心。也就是说，要有能力辨别出病人的撞头行为究竟是在重复一种病态的自我毁灭，还是代表着她个性中最健康的部分（即那个试图从过度的心理活动中寻得空隙以逃离虚假感的部分）在挣扎着发出声音。

接着，温尼科特写下了我认为是全文中最重要的段落之一，对我来说也是他整篇论文中最令人难忘的临床描绘之一：

> 这一小段工作（病人在其中寻求意识的碎片）引出了一个临时的阶段。在这段时间里，不存在心灵，也没有任何心理功能在运作。必须有这样一个阶段，在其中，唯有身体的呼吸持续着。正是如此，她才得以接受"不知"的状态，因为我当时在抱持着她，并通过我自己的呼吸维持一种连续性，而她放手了，放弃了控制，一无所知。但如果在她"死去"的状态下，我继续抱持着她，维持我自己的生命活动，这一切将毫无意义。使我的部分变得有效的，是这样一个事实——我能看见、听见她的腹

第 6 章 呼吸如起伏的鸟腹：鲜活的身体

部随着呼吸起伏（就像那只鸟一样），于是我知道她还活着。

（p.252）

这一过程中所发生的转变，并非出自任何解释或言语性的介入。温尼科特说："我当时在抱持着她，并通过我自己的呼吸维持一种连续性。"在那一刻，他同时为病人和自己承担起心理功能的运作，病人则"放手了""一无所知"。温尼科特通过这段文字传达出了"呼吸的乐章"的美感：他巧妙地运用了柔和重复的 b 音和长音 e——"I could see and hear her belly moving as she breathed (like the bird)"——营造出一种节奏感。他将倒数第二句收于"死去"（dead）一词，而最后一句以"活着"（alive）作结。这些语言效果并非刻意为之，而是书写流动中自然生成的结果——当一位作者真切地书写，一切就会自己成形。

温尼科特所描述的"抱持"，涉及他自己的心理—躯体对病人心理—躯体的亲密回应。"我当时在抱持着她，并通过我自己的呼吸维持一种连续性。"在心理层面，他抱持着病人；在身体层面（通过他自己的呼吸），他也在抱持她。抱持是一个本体论概念，关乎"存在"及其与时间的关系（在此，呼吸的连续性构成了时间维度）

（Ogden, 2004b）。在这个案例中，抱持并不包含身体上的接触（不同于母婴关系），但其本质仍是一种双方都鲜活参与其中的身体经验。

然而，仅仅停留在上述理解就会遗漏治疗情境中的一个重要方面。这个被忽视的关键要素有如那封不言自明却被视而不见的信。我认为，温尼科特在整个过程中始终在为双方共同经历的这一体验赋予一种意义结构——在这段经验中，"她身体的呼吸就是一切"。在我看来，温尼科特带着对病人需要放弃过度心理运作才能发展出鲜活的自我感这一总体认识，进入了案例中的这一治疗情境。随着他自发地与病人共同经历这一过程，这个意义结构得到了进一步的发展和丰富。温尼科特那种"知道她还活着"的工作方式，体现为他将过去的多个瞬间重新带入当下，包括病人对那只呼吸着的鸟的记忆、猛烈撞击头部的举动，以及她强迫性记日记的行为。但温尼科特的表达所做的不仅是将过去的经验与知识带入当下。他进行着一种特殊的回忆方式，我称之为"括号式回忆"——就像那只鸟。

倘若换作他人坐在这位病人身边，而未能像温尼科特那样为这段经验赋予意义结构，这段经验对她而言就"毫无意义"。关键在于，她在体验自己的躯体（"无心理状态"）的同时，温尼科特正通过自己的呼吸体验"见证"（Poland, 2000）病人存在/呼吸的持续性。"于是我知

第6章 呼吸如起伏的鸟腹：鲜活的身体

道她还活着。"温尼科特在会谈中所带入并发展出的意义结构，并非通过言语传达给病人，而是通过他呼吸的方式、他在椅子中的身体动作等细节悄然传递。

温尼科特指出，如果病人真的死了，这一切都不可能发生。病人之所以还活着，是因为温尼科特对她的生命抱有信念；与此同时，她也因为能感受到、听见自己身体呼吸的律动而意识到自己还活着。这两者并非相互补充或相得益彰的关系；我更倾向于认为它们构成了一个不应被解决的悖论。

在那次以呼吸为一切的治疗会谈之后，温尼科特指出病人发生了如下转变：

> 现在，她第一次能够拥有一个属于她自己的心理，一个属于她自己的实体，一个会呼吸的身体，以及一种与呼吸和其他身体功能相联结的原初幻想的萌芽。

（p.252）

温尼科特在此处的措辞极为精准。他说病人"能够拥有一个属于她自己的心理，一个属于她自己的实体"。"实体"在此不同于文中之前的用法，并不指可具体定位的对象，而是指病人对自身"心理-躯体"的一种主观体验，这个心理-躯体如今对她来说是鲜活而真实的。"一个属于她自己的实体"也暗含着这是她自己的身份,她自己的心理。

紧随其后的"一个会呼吸的身体"这一短语,意味着病人不仅体验到了"属于她自己的心理"(即心理的鲜活性),也重新连接上了"属于她自己的实体"(即身体的鲜活性)。这一系列鲜活的生命状态,最终汇聚于"与呼吸……相联结的原初幻想"之中。这里的幻想,并非幻想"呼吸"本身,而是经由呼吸这一最基本的生命节律所激发和由心理想象性加以展开的体验。

可以说,温尼科特倾听着病人不自知的呼吸并"知道她还活着"的那一刻,正是一种恰到好处的适应——他恰如其分地回应了病人最深层的需要,而病人并不需要知道自己有这样的需要。

随后,温尼科特写道:"我想,现在她会愿意将心理安置在任何一个躯体鲜活的地方"(p.252)。他并未说"身体",而是说"躯体"。在这里,温尼科特对语言进行了某种游戏:"安置(locate)"与"任何……的地方(wherever)"两个词,看似指向具体位置,实则指的是一种无法被定位的经验状态,一种纯粹动态、永在进行中的体验,但其本质仍是一种温尼科特与病人都参与其中的鲜活的身体经验。

第6章 呼吸如起伏的鸟腹：鲜活的身体

关于温尼科特作品中的无意识心灵概念

我想指出，有一个核心主题贯穿了温尼科特的临床例证与整篇论文，那就是作为一位精神分析理论家与临床医生，温尼科特转换了他所依赖的那套隐喻与概念。他所使用的"心灵"概念，显著不同于弗洛伊德在其心理地形学模型中所描绘的心灵图式。弗洛伊德的心理地形学模型将心灵分为有意识和无意识两个部分，由一道压抑的屏障彼此隔开。心理疾病被理解为某些被压抑的、不可接受的思想和情感企图进入意识，"自我"则以防御的方式加以阻挡。如果面对这样的解释，我相信温尼科特很可能会坚决否认自己所提出的思想意图"取代"无意识心灵这一概念。因为他可能会说，"无意识"的概念对精神分析具有决定性意义。然而，值得注意的是，温尼科特在整篇论文中，仅仅三次提到了"无意识"这个词。

在我看来，尽管温尼科特对心理地形学模型及其概念框架（如意识/无意识的区分）给予高度重视，但他同时也引入了一整套不同的概念与隐喻来主导他对精神分析理论与实践的理解。温尼科特感兴趣的是这样一个体验领域：在这个领域里，某种想法、感受、知觉或经历究竟是有意识的还是无意识的，根本不是一个可以被提出的问题。取而代之的是，温尼科特从"鲜活"与"死寂"、"真实"与"不真实"、"鲜活的身体"与"想象的自我"、"存在"与"持续存在的中断"等角度来理解心理与躯体的运作。他的理解方式并不依赖于"意识／无意识"这一传统二分法，也无须诉诸"压抑"的假设。

从心理地形学模型的视角，让我们回头来看看温尼科特在论文中所关注的那些经验。身体的鲜活性是一种有意识现象，还是一种无意识现象？这个问题本身就毫无意义——它根本不适用。鲜活性与"压抑屏障"无关，它是一种"存在状态"的属性。存在，既不是有意识的，也不是无意识的。同样，关于"通过想象来创造身体鲜活体验"的问题，探问其究竟发生在意识层面，还是在无意识层面，也是毫无意义的。

我们往往难以意识到，在精神分析中其实存在另一种思考方式，它并不以"意识"与"无意识"的区分为基础。我们必须时刻提醒自己，所谓"有意识心灵"与"无意识心灵"都只是一些概念，就如"自我""本我"与"超我"也是概念一样。温尼科特坚持认为，所谓"心灵"根本不是一个真实存在的"东西"；据此推论，也就不存在所谓"无意识心灵"。我们并不拥有"两个意识"（即意识与无意识），我们只有一个意识。这个意识有些特质是显性的，有些是潜在的，我们所说的"潜在"，只是

第6章 呼吸如起伏的鸟腹：鲜活的身体

基于推测与推论。所谓"潜在内容"或"隐含内容"在弗洛伊德的心理地形学模型中被称作"无意识"，但那只是一个模型、一组隐喻，而所有隐喻最终都会失去生命力。

弗洛伊德的心理地形学模型具有空间性的特征，它将"有意识心灵"与"无意识心灵"比喻性地设想为上下结构，中间由一层压抑的屏障所分隔，并通过一个在两者交界处运作的审查机制来维系平衡。这一模型以"心理力"的动态对抗为框架，类似于牛顿物理学中力的矢量体系。温尼科特的思考则没有那么空间化，也不那么关注"心理力的博弈"。温尼科特更关注的是本体论的议题，即关于"存在"与"成为"的问题；而弗洛伊德的心理地形学模型，更偏向认识论，即关于"认识""理解"以及"对认识与理解的恐惧"的问题。当然，我在此所做的推进远远超出了温尼科特本人在其著作中的表述。

我们没有必要在"鲜活"与"死寂"、"真实"与"虚假"等概念与"意识"与"无意识"等概念之间做出二选一的决定。温尼科特的思想并不是超越了心理地形学模型，也不是要取代它；它是与心理地形学模型并行存在的另一组思维框架。而我们可以在不同的时刻，使用那些最有助于我们思考的概念与隐喻。

结语

在《心灵及其与心理–躯体的关系》一文中,温尼科特重新发明了"心理–躯体"这一概念。对他而言,"心理"指的是对身体部位、感受和功能的想象性加工,这种加工生成了身体鲜活性的体验;"躯体"则是构成想象性的自我的有机身体(而非"身体"这一具体可定位之物)的核心。心理与躯体不可分割。

躯体不应与"身体"混淆,心理也不应与"大脑"混为一谈。心理和躯体都是不可定位、持续展开的经验过程。

病态的心灵,即"心灵–心理",指的是心理在面临环境适应失败、个体"持续存在"遭受威胁时,从其与躯体的亲密联结中脱离,进入一种过度心理运作的状态。在此状态中,心灵的活动对主体来说是死寂的、不真实的。

有意思的是,温尼科特在文中并未对"心灵"或其与"心理–躯体"的关系下明确定义。在"书写温尼科特"的过程中,我将"心灵"理解为一种更高阶的心理功能,包括思考;与之相对的是更为弥散的心理活动,例如对意识本身的想象性加工。后者应归入"心理"范畴。

第 6 章　呼吸如起伏的鸟腹：鲜活的身体

当母亲对婴儿的适应失败并超出婴儿的承受范围时，婴儿只能以"顺从"为基础，依附于"真实母亲"。而根据我对温尼科特的理解，心理的健康发展意味着婴儿得以与一位他创造性地"发现"的母亲建立联结——这位母亲存在于幻想与现实之间的空间中。

在温尼科特所描述的临床案例中，分析推进到这样一个阶段：原本深陷于过度心灵运作的病人，与温尼科特共同经验了一种特殊状态。在那一刻，温尼科特接管了"心理"的功能，病人则在一种几乎纯粹的躯体鲜活状态中体验自己的呼吸。我认为是温尼科特带着他在分析历程中形成的意义结构进入了这一时刻。正是这种意义结构，使他们的共享经验成为一种具有疗愈作用的经历。

在这篇论文及其整个写作体系中，温尼科特逐步建立起他对精神分析的独特理解。这种理解强调的不是意识与无意识的划分，而是鲜活与死寂、真实与不真实、"持续存在"与其中断。这些体验维度并不能被简单归类为"意识"或"无意识"。我认为，温尼科特所探索的，是一套并行于弗洛伊德的心理地形学模型的分析思考方式，而非对其的替代。在不同的分析情境中，我们可以依需要选取最能帮助当下思考的术语体系与隐喻框架。

参考文献

Ogden, T. H. (2004a). Dreaming undreamt dreams and interrupted cries. *Int. J. Psychoanal. 85*: 855–857.

Ogden, T. H. (2004b). On holding and containing, being and dreaming. *Int. J. Psychoanal.* 85: 1349–1364.

Ogden, T. H. (2019). Ontological psychoanalysis or "What do you want to be when you grow up?" *Psychoanal. Q.* 88: 661–6954.

Poland, W. (2000). The analyst's witnessing and otherness. *J. Am. Psychoanal. Assn.* 48: 80–93.

Scott, W. C. M. (1949). The body scheme in psychotherapy. *Brit. J. Med. Psychol.* 22.

Winnicott, D. W. (1947). Hate in the countertransference. In *Through Paediatrics to Psycho-Analysis*. New York: Basic Books, pp. 194–203.

Winnicott, D. W. (1949). Mind and its relation to the psyche–soma. In *Through Paediatrics to Psycho-Analysis*. New York: Basic Books, pp. 243–254.

Winnicott, D. W. (1951). Transitional objects and transitional phenomena. In *Playing and Reality*. New York: Basic Books, 1971, pp. 1–25.

Winnicott, D. W. (1952). Psychoses and child care. In *Through Paediatrics to Psycho-Analysis*. New York: Basic Books, pp. 219–228.

Winnicott, D. W. (1958). The capacity to be alone. In *The Maturational Processes and the Facilitating Environment*. New York: International Universities Press, pp. 29–36.

Winnicott, D. W. (1960). The theory of the parent–infant relationship. *Int. J. Psychoanal.* 41: 585–595.

第 7 章

说出世界，说出我：
语言象征的转化

语言象征⊖的出现所带来的转化构成了一个关键性的转折点——无论是就个体能够被经历的内容而言，还是就其主观性的性质而言，包括对自我感（I-ness）的体验，以及对"自己是谁"的感受。

语言象征的习得奠定了这样一种主观性的基础，个体不再只是经历"所是"（what is），而是能够对正在发生的事情以及对自身是谁形成想法。[1]在梦中，我们面对的是非语言性的、意象化的"所是"的呈现。在获得语言象征能力之前，个体无法对梦的体验拉开距离。梦是什么，就是什么。在这种体验中，没有"我"在观察"我自己"；没有对自身思考的"思考"；没有自我反思；存在的，仅仅是"所是"。

幻觉性的、偏执性的以及躁狂性的思维，本质上属于

⊖ 语言象征（verbally symbolic language）指用词语代表经验的能力，如用"鸟"来指代真实的鸟。这种象征方式不依赖于感官相似，而是建立在抽象思维之上，使人能够表达、命名并反思自身的情绪与经验。——译者注

第 7 章　说出世界，说出我：语言象征的转化

前语言的。它们被体验为对某物的感知，而非关于某物的思考。人无法对自己的幻觉性的、偏执性的或躁狂性的思维加以思考，只能任由它继续扩展，自动地发展下去。

接下来，我将更为详细地探讨前语言⊖经验的本质、语言象征诞生时所发生的转化，以及语言象征能力被获得之后，经验的本质所呈现出的变化。

符号与象征

我在本章中使用"符号"（sign）一词，指的是表达要素与其所指对象之间存在直接对应关系的传达方式。例如，雪地中马蹄印的形状是一个符号，表明曾经有马经过那里。

相比之下，"象征"（symbol）与其所命名或指涉的对象之间并无直接关系。例如，单词 bird 或字母组合 b-i-r-d，与它们所代表的动物（所指对象）之间没有任何直接联系。婴儿在前语言阶段的象征化是基于"符号"的模式（即与其所指对象之间存在直接关系）。例如，婴儿的尖叫表明她正在经历疼痛，她将食物扔到地上则表达了她的不满或挫败感。

⊖ 前语言（preverbal）指语言习得之前的经验状态，主要通过感官、情绪与意象表达，缺乏象征性与反思性，典型如梦与幻觉体验。——译者注

弗洛伊德（1900，1915）设想，在其心理地形学模型中，前意识系统承担着一个重要功能。它将前语言阶段的象征形式（如无意识的意念与梦中的视觉意象）转化为被用于意识层面的、次级过程思维中的语言象征。意识思维基于因果逻辑，并在历时性（即顺序性的）时间维度中运作。在弗洛伊德的构想中，心灵内部始终存在一种来自前语言的、被压抑的无意识的持续压力，它试图以各种方式渗入意识领域，这些表现包括：遗忘、混淆、症状的形成、幽默，以及无意识赋予意识的背景色彩与情绪强度。在弗洛伊德看来，语言象征的使用以及有意识的次级过程思维的展开，带来了自我反思的能力，而这正是治疗性分析过程得以展开的基础，无论是个体内在的，还是发生于分析关系中的。

西格尔（Segal，1957）从精神分析视角探讨了她所称的"象征等同"（symbolic equation）与"真正的象征形成"（symbol formation proper）之间的关系。这两种象征形式大致相当于语言象征中的"符号"与"象征"。"象征等同"是一种前语言过程，通常与偏执-分裂心位相关，在此心位中，个体与原始的部分客体建立关系；"真正的象征形成"则与抑郁性心位相关，在此心位中，个体能够以成熟的方式与整体客体建立关系。西格尔假设，当一个人处于以象征等同占主导的心理状态时，可

第7章 说出世界，说出我：语言象征的转化

能会将拉小提琴的体验与手淫视为完全等同的事物，从而在公共场合避免拉琴。相反，当"真正的象征形成"处于主导地位（即处于抑郁性心位）时，拉小提琴可以作为一个象征，代表某种无意识的性幻想（关于手淫），但此幻想并不会被视为与拉小提琴等同，而是通过它以象征的方式呈现。

对温尼科特而言，婴儿最初处于一种被他称为"持续存在"的状态中（Winnicott, 1949, p.245）。这一短语本身没有主语，用以描述婴儿尚未获得与"非我"互动的主观能动性时的存在状态。在这种状态中，婴儿的主观感（即对"我"的感觉）由母亲代为承载。在温尼科特（1968）看来，母婴之间以及病人与分析师之间的前语言交流，有时比语言象征更具表现力。他举了一个例子：

> 有一次，在情绪极其强烈的时刻，一位病人将指甲嵌进了我的手背皮肤。我给出的"解释"是"哎哟"。这个反应几乎没有经过我的理性思考，但非常有效，因为它是即时发生的（而非在停顿反思之后），而且对病人来说，这意味着我的手是"活"的，是我身体的一部分，我就在这里，是一个活生生的、在场的人，她可以依靠，可以与之建立接触。
>
> （Winnicott, 1968, p.95）

在此，温尼科特指出，前语言的交流（如"哎哟"这样的原始喊声）比经由语言象征化后的交流（如解释性的言语）能更有效地传达意义。正是类似这样的经验，让温尼科特在临床中对"解释"持更加克制与审慎的态度（即用语言对病人的经验进行象征化与理解），认为应当让病人保留自己发现意义的空间与喜悦（Winnicott, 1969, p.86）。

在语言象征尚未建立之前，母亲与婴儿之间的交流是通过一种格罗茨坦所称的"婴儿语"进行的（Grotstein, 2015, personal communication）。这种语言通过大量"符号"来传递需求、情感与受挫经验，例如迷离的眼神、身体的贴合、吸吮乳房的方式、夜间哭声的音色，以及"无数种可以与诗歌的无限变化相媲美的方式"（Winnicott, 1968, p.95）。这一前语言交流形式本身，也可被视为音乐体验的萌芽 [参见对母婴关系与分析关系中前语言交流的相关讨论（Litowitz, 2011）]。

语言所承载的象征性思维领域

随着语言象征性思维的发展，一个全新的体验世界向我们展开。[2] 我们不仅可以为具体客体创造象征（例如树、汽车、飞机等名称），也能为情感状态（如嫉妒、内疚、同情）以及抽象概念（如时间、死亡、太阳系）赋予语言

第 7 章 说出世界，说出我：语言象征的转化

象征。为事物、情感与想法命名，会改变一切。

语言能力的发展催生出一种更为复杂的主观性。在这种主观状态中，主体在语言象征的过程中处于"象征"与"被象征之物"之间的"空间"。个体成为自身经验的对话者，借助庞大的词汇系统（语言象征）来建构意义，从而定义自我与世界。一旦获得语言象征能力，"作为主体的我"（I）与"作为客体的我"（me）⊖ 便在同一瞬间诞生：没有"我"来观察，就不可能有"我"这个被观察的对象；同样，没有"非我"的存在，就不可能产生"我"。这个"非我"既包括"作为客体的我"，也包括一切非我之物[3]。

随着语言象征能力的获得，一个人不仅能够用文字与他人交流，而且能够用语言进行思考。人可以开始用语言来思考自我，思考自己的思维。由此，一个全新的经验世界被建构出来。事件不再只是"发生"；它们是发生在一个能够观察的自我身上的事件，而这个自我拥有独一无二的感知装置。每个人都是在自己经验世界中建构意义的主体。所发生的一切不再只是单纯地"发生"（如同梦境或其他前语言经验那样）；它们是发生在一个不仅能够感

⊖ 主体的我是指那个具有体验、思考、表达能力的"我"，即经验的主体；客体的我是指可以被这个"我"观察、命名、反思的那部分自我，是"我"成为自身心理经验的对象时所呈现出的面向。——译者注

知，也能够统觉的主体身上——一个能够将经验整合进已有理解框架，并据此赋予意义的主体。作为一个具有自我反思能力的存在，我正在经历这些正在发生的事情，并试图去理解它们。

对一个处于前语言阶段的婴儿或幼儿来说，洋娃娃是一种承载其内在世界某部分投射的实体。对婴儿而言，洋娃娃是其内部状态的一个容器或拟人化身。这个娃娃可能是开心的、难过的、清醒的或困倦的、饥饿的或饱足的——可以处于孩子所经历过的任何状态。娃娃的感受与动作直接对应孩子赋予它的情绪和状态。在娃娃与其被赋予的情绪状态之间，并不存在一个介入其间、加以解释的主体。所见即所得——一个正在开心起舞的娃娃就是一个活生生的形象，正如此刻的孩子自身感到愉快一般。

与前语言经验相比，语言象征不仅赋予经验以名称，而且创造出一种性质上完全不同的生活体验方式。不仅更为广泛多样的情绪状态得以发生，连主观性本身也经历了转化。个体开始拥有如下体验：思考自己所做的决定，为自己说过的话感到懊悔，困惑于某个想法为何从未浮现，辨识自己或他人身上显性与潜在面向之间的关联。这样的新型主观状态包含了自我作为主体（"我"）与自我作为客体（"我所感知的自己"）之间的复杂关系。一个人会持续地经历"我是谁"这一主观感受与自己真实所思、所

第7章 说出世界，说出我：语言象征的转化

感、所行之间的不断变动（这种主观感受与实际表现之间往往是错位的）。对处于前语言阶段的婴儿或幼儿而言，上述经验是无法发生的。此阶段中，母亲会调适自身语言，以适应婴儿尚未区分主客体（"我"与"非我"）的心理状态。她会以一种不区分主语与宾语的方式对婴儿说话，仿佛她自己是一个客体（而非主体），例如"妈妈很高兴""妈妈要走了"。

在语言象征尚未建立之前，婴儿可以感知到一只狗的存在，但尚无"狗"这一观念。因为这个观念的形成，既需要关于"狗"的认知，也需要关于"我正想到一只狗"的认知。要产生"狗"这一概念，必须有一个主体在所感知的这只狗与关于狗的一般概念之间进行调节。对前语言经验阶段的婴儿来说，家里的那只狗就是具体的狗，而不会被看作"动物"这一类属或"生物/非生物"这种更抽象范畴中的一例。例如，当一个婴儿看到母亲在哭，他只能以内在可用的感受范围来回应这一场景；他无法对母亲的哭泣进行思考，只能直接以情绪反应回应。

在语言象征性思维中，一个人能够体验同情、悲伤、绝望、内疚、忧郁以及悲恸的失落等情感。婴儿能够在本能层面对经验做出反应，但无法以语言符号所具有的细微差别来生成情感反应。前语言世界中的体验，其本质是一

种沿着某些维度流动的直觉感受,而这些维度无非是好或坏、安全或危险、饥饿或饱足、快乐或悲伤。

意义的创造

个人获得语言象征能力时所发生的心理变化,两位巴西精神分析家对此有着极其清晰的阐述(Rocha Barros, 2000, 2018; Rocha Barros and Rocha Barros, 2018)。他们借鉴了卡西雷尔(Cassirer, 1944)和兰格(Langer, 1942)关于语言哲学的研究成果:

> 在对梦的解释过程中……我们将一种符号基础转化为另一种符号基础,前者是用于表达梦或白日梦中具象化象征体验的表达形式,后者是用语言进行的象征性解释……意义不仅在对梦或白日梦的解释中被命名,更是在从一种符号系统转换为另一种符号系统的过程中被创造出来的。
>
> (Rocha Barros, 2018, p.228)

罗查·巴罗斯(Rocha Barros)在这里指的是这样一个过程。当一个人醒来时,通过将梦转换成语言符号的形式,他/她开始理解(解释)自己的梦。拥有语言能力后,个体在醒来时就能用语言与自己或他人谈论这个梦。

第 7 章 说出世界，说出我：语言象征的转化

对精神病性[1]的人来说，梦与幻觉之间没有明确边界，梦无法被抽离出来加以理解；而对非精神病性的人来说，梦虽然在发生时只是一个图像性的、无法用语言表达的体验，但醒来后他能够意识到那是"一个梦"，并以语言重新组织它，从而赋予其意义。

格罗茨坦（1979）和桑德勒（Sandler，1976）曾提出，梦的意义以及梦带来的心理成长，并不完全依赖于我们清醒之后对梦的回忆或解释。事实上，对梦的"理解"常常是在无意识的内部过程中悄然发生的，换句话说，梦不仅是"做出来"的，也是在被"接收"与"吸收"的。在他们看来，梦境可以在无意识的不同层面之间展开某种象征性的"交流"，这一过程与语言象征性思维颇为相似。格罗茨坦将其比喻为"做梦的无意识梦者"与"理解梦的无意识梦者"之间的对话（p.110）；桑德勒则将其描述为无意识内部"做梦的工作"与"理解的工作"之间的协作（p.40）。[2] 这两种说法都指出，即使我们醒来后完全

---

[1] 精神病性（psychotic）在精神分析语境中，并非特指"患有精神病"的临床诊断，而是指一种心理组织结构或经验方式，常表现为现实检验能力减弱、主客体边界模糊、象征功能受限等特征。——译者注

[2] 格罗茨坦认为无意识中有不同功能部分。一部分制造梦，另一部分则在不进入意识的情况下理解梦的意义。桑德勒称之为"做梦的工作"与"理解的工作"，强调梦不仅是情感的表达，也包含象征加工与内在吸收。两者虽用词不同，但皆认为梦即使未被记起，也可能在无意识中被领会，并促成心理成长。——译者注

不记得一个梦，它仍可能对心理产生深远影响，因为它在更深层的心灵结构中已被"处理"或"领会"。

当一个人获得将自身经验（包括能记住的梦）语言象征化的能力时，他与梦之间的关系也随之发生了巨大变化。梦的意义是在它被转化为语言象征形式的过程中被创造出来的，与此同时，个体对这场梦的主观体验也被重新创造了。原本的体验是"所见即所得"，而现在转变为一种"我－我"之间的内在对话。梦被区分为"作为客体的我"（即梦，一个需要被理解的对象）与"作为主体的我"（即正在进行理解工作的那个"我"）之间的关系。[参见关于语言如何建构"我－我"对话关系的讨论（Hook，2002）。]

在探讨获得语言象征能力的体验时，特别要区分两个方面：一是被创造出来的意义；二是创造意义的体验本身。这两个方面密不可分。前者属于精神分析的认识论维度，它是关于人如何理解自我与世界的；后者则属于本体论维度，是关于人如何存在，以及如何成为一个更加真实的自己的（Ogden，2019，2021，2024）。比如当分析师对病人的梦做出某种解释时，有的病人可能会因这项解释而获得新的自我理解，从而重新连接上某个曾感到疏离、失去生机的自我面向；对另一些病人而言，同样的解释的意义可能不在于其解释出的意义本身，而在于病人体

第7章 说出世界,说出我:语言象征的转化

验到自己被看见、被理解——他／她感受到被认出,被承认为"我是我"。前一种解释强调的是通过语言所表达出的意义;后一种解释更重视的是意义生成的体验本身,这往往发生在前语言层面。这两种维度——创造出的意义与创造意义的体验——彼此交织,共同构成了分析体验具有治疗性的两个基本面向。

在分析情境中,我提出的"分析中的第三者"(1994)是指一种由病人与分析师共同创造的无意识的"第三种主体性"。这种主体性,正如梦一般,主要通过前语言的方式创造意义,而非对既有语言符号所表达意义的反复利用。

分析第三者也可能呈现出病理形式。例如,"压迫性的第三者"(subjugating third, Ogden, 1996, p.1123)同样是一种"创造意义"的体验,但这类体验是自我毁灭性的,因为它所创造出的"意义",其实就是对意义本身的摧毁。举例来说,在一种扭曲的主体间关系⊖ 中,双方虽然都是具有主体性的个体,但他们在体验中将彼此客体化⊜,共同制造出一种空洞至极的性兴奋,以此来压制心理

⊖ "主体间关系"本指两个具备主观性的人之间的互动,但在病理状态中,个体可能将他人当作客体来使用。这种关系表面上是主体-主体,实际上却被体验成主体-客体的操控或依附结构。——译者注

⊜ 此处的"客体化"并非温尼科特常说的"客体使用"(object use),"**客体使用**"是婴儿在发展中将母亲视为真实外在存在的关键阶段;而这里的"客体化"更接近于"工具化",指在缺乏真实主体关系的情况下,个体将对方还原为满足性兴奋的物件,体现的是关系的退缩与异化。——译者注

的死寂感，但这类兴奋本身同样是空洞的。他们通过短暂刺激掩盖死寂，却实际上让一切变得更加无意义。

奇迹之处

在我看来，没有哪个例子比海伦·凯勒（Helen Keller，1903）更生动地展现出语言象征能力带来的转化。她在自传中这样写道：

> 有一天，我正和新娃娃玩耍，沙利文小姐把一个大布娃娃放在我膝上，并在我手心里拼出"d-o-l-l"的字母，想让我明白"doll"这个词适用于这两个娃娃……这天早些时候，我们为"m-u-g"和"w-a-t-e-r"争论不休。她试图让我明白前者是杯子，后者是水，但我总是混淆。她一度放弃了，过了一会儿又继续教。我对她反复的尝试感到不耐烦，抓起新娃娃，将它摔在地上。当我感觉碎裂的娃娃落在脚边时，我很高兴。我的情绪爆发之后，没有悲伤或悔意。我并不爱那个娃娃。在我所生活的静默黑暗的世界中，没有强烈的情感或温柔的心绪。
>
> （p.11–12）

在这段文字中，海伦·凯勒描述了她摔碎娃娃的行为，如何表达了她在面对老师安妮·沙利文（Anne

Sullivan）反复尝试教导她词语时所体验到的挫败感。那时的凯勒尚未能感受到多样化的情感，尤其是悲伤、懊悔、爱与温柔之情。她的经验主要局限于一个前语言的符号世界，在那个世界中，"符号"与其所指的内容直接对应。她将娃娃砸在地上，这一行为本身就等于她在表达自己的愤怒与挫败感。

当她的老师——在那时对凯勒而言尚无姓名的存在——扫起破碎的娃娃残片时，她写道：

直到让我难受的东西被拿走，我有种如释重负的满足感。老师给我戴上帽子，我就知道我们要出去迎着暖暖的阳光了。这个念头——如果一个无言的感觉也能被称作念头的话——让我高兴得又蹦又跳。

（p.12）

在这里，凯勒初次意识到她所体验的情绪，不只是身体上的感觉，而且也可以被转换成一个有名字、有意义的"念头"。

接着，凯勒讲述了她在终于理解单词"water"与物质"水"之间的连接时所发生的转变，这一时刻标志着她获得了语言象征能力。她写道：

> 我离开水井房时渴望学习。万物皆有名字，而每个名字都能催生一个新的念头。回家的路上，我触碰到的每一样东西似乎都在颤动。那是因为，我开始用一种奇异的新方式看待周围的一切。一进门，我想起了自己摔碎的娃娃。我摸索着走到壁炉旁，捡起碎片，试图把它们拼回去，但徒劳无功。随后，我的眼里涌出了泪水，因为我意识到自己做了什么。我生平第一次感受到了悔恨与悲伤。
>
> （p.12）

凯勒继续描述了那天接下来发生的事情：

> 那天我学会了许多新词。我记不清它们具体都是些什么，但我知道其中有"妈妈""爸爸""妹妹""老师"——这些词让我的世界绽放光彩。
>
> （p.12）

随着语言象征能力的获得，一种全新的体验方式随之诞生，一个新的"存有状态"与生命的鲜活感同时被创造出来。她此前无法体验的情感——悔恨、悲伤、爱——如今对她来说成为可能。重要的是，这并不是说这些情感一直潜伏在她体内，等待着被唤醒。恰恰相反，正是在凯勒进入语言象征的世界之际，这些情感第一次被创造出来。

第 7 章　说出世界，说出我：语言象征的转化

她写道："万物皆有名字，而每个名字都能催生一个新的念头……我触碰到的每一样东西似乎都在颤动。"名字不仅是对情感和事物的命名，更是我们对这些情感、人与事物的理解方式。语言开启了一种全新的体验层次：在这个层次中，一个人既是主体也是客体，能够思考自己的思考，并在意义、情感与复杂经验的多个层面上，变得鲜活而敏锐。

结语

在个体早期的发展阶段，前语言表达是一种符号与所表达内容之间直接对应的交流方式，通常呈现为二元对立的形式。㊀ 这种交流方式在母婴之间（即"婴儿语"）以及在分析师与病人之间，能够以"如诗般的无限多样性"展开，具有强大的表达力量。母婴关系与分析关系中的许多内容只能通过这种象征形式来传达。

随着语言象征能力的获得，我们不仅对自身经验有了更多理解，更创造出了一种新的经验形式，我们以不同于以往的方式在体验，也因此以不同的方式存在。当"我－

㊀ "二元对立"指的是前语言表达在个体心理发展的早期，常以好／坏、内／外、自／他等极化的方式组织经验；"如诗般的无限多样性"则描述了这种原初表达在母婴或分析情境中被感知、回应和承载时所展现出的丰富性与细腻性。两者分别指向结构层面和关系－表达层面，并不冲突。——译者注

我"之间的对话结构开始形成时，自我反思成为可能。个体能够在与他人的关系中体验更广泛与更深刻的情感，而这些他人也被体验为完整而独立的人。在与自己以及他人的言语交流中，人体验到一种喜悦，而这种交流打开了一个个充满生命律动的世界。

注释

1. Basch（1983）在其关于婴儿期从自动的"情感性"反应发展至可反思的情绪生活的论述中，已经预见了部分相关观点；这种反思性的情绪生活，正是随着语言象征的发展而逐渐成为可能的。

2. 需要注意的是，"前语言"（preverbal）并不等同于"非语言"（nonverbal）。母婴之间的交流从一开始就反映出语言结构的发展过程，而这些结构最终会形成完全以语言为媒介的象征性语言（Vivona，2012）。

3. 参见 Ricoeur（1995）。

参考文献

Basch, M. F. (1976). The concept of affect: A re-examination. *Int. J. Psychoanal.* 24: 759–777.

Cassirer, E. (1944). *An Essay on Man: An Introduction to a Philosophy of Human Culture*. New Haven, CT: Yale University Press.

Freud, S. (1900). The Interpretation of Dreams. *S.E.* 4/5. London:

Hogarth Press, 1955.

Freud, S. (1915). The unconscious. *S.E.* 14. London: Hogarth Press, 1955.

Grotstein, J. (1979). Who is the dreamer who dreams the dream and who is the dreamer who understands it—A psychoanalytic inquiry into the ultimate nature of being. *Contemp. Psychoanal.* 15: 110–169.

Hook, D. (2002). The other side of language: The body and the limits of signification. *Psychoanal. Rev.* 86: 681–713.

Keller, H. (1903). *The Story of My Life.* Mineola, NY: Dover Publications, 1996.

Langer, S. K. (1942). *Philosophy in a New Key: A Study in the Symbolism of Reason, Rite and Art.* Cambridge, MA: Harvard University Press.

Litowitz, B. (2011). From dyad to dialogue: Language and the early relationship in American psychoanalytic theory. *J. Am. Psychoanal. Assn.* 59: 483–507.

Ogden, T.H. (1994). The analytic third: Working with intersubjective clinical facts. *Int. J. Psychoanal.* 75: 3–20.

Ogden, T. H. (1996). The perverse subject of analysis. *J. Amer. Psychoanal. Assn.* 77: 883–889.

Ogden, T. H. (2019). Ontological psychoanalysis, or what do you want to be when you grow up? *Psychoanal. Q.* 88: 13–21.

Ogden, T. H. (2020). Toward a revised form of analytic theory and practice: The evolution of analytic theory of mind. *Psychoanal. Q.* 89: 219–243.

Ogden, T. H. (2024). Ontological psychoanalysis in clinical practice. *Psychoanal. Q.* 93: 13–31.

Ricoeur, P. (1995). *Oneself as Another*. Chicago, IL: University of Chicago Press.

Rocha Barros, E. M. (2000). Affect and pictographic image: The constitution of meaning. *Int. J. Psychoanal.* 81: 1087–1089.

Rocha Barros, E. M. (2018). Symbol formation and transformation in theory and in practice. Canadian *J. Psychoanal.* 26: 222–237.

Rocha Barros, E. M. & Rocha Barros, E. L. (2018). Klein yesterday, today and tomorrow: Reflections on her 1936 lecture on technique. *Int. J. Psychoanal.* 99: 968–978.

Sandler, J. (1976). Dreams, unconscious fantasies, and "identity of perception." *Int. Rev. Psychoanal.* 3: 33–42.

Segal, H. (1957). Notes on symbol formation. *Int. J. Psychoanal.* 38: 391–387.

Vivona, J. (2012). Is there a nonverbal period of development? *J. Amer. Psychoanal. Assn.* 60: 231–265.

Winnicott, D. W. (1949). Mind and its relation to psyche–soma. In *Through Paediatrics to Psycho-Analysis*. New York: Basic Books, 1958, pp. 229–244.

Winnicott, D. W. (1968). Communication between infant and mother, mother and infant compared. In *What Is Psychoanalysis?* ed. W. Joffe. London: Balliere, Tindall, and Cassell, pp. 89–103.

Winnicott, D. W. (1969). The use of an object and relating through identifications. In *Playing and Reality*. New York: Basic Books, 1971, pp. 86–94.

第 8 章

我一个人,但你也在:
独处、在场与真实生命的展开

——论温尼科特的《独处的能力》

温尼科特对精神分析的诸多重要贡献——如过渡性客体与过渡性现象、游戏的体验、各种创造性体验、"真实"的感觉、"活着意味着什么"、不可交流的核心自我、独处的能力、潜在空间、客体的使用,以及存在于内在世界与外部世界之间的第三体验领域——无一不涉及悖论性思维。这种悖论性思维方式可能是温尼科特对精神分析最为重要的贡献。

温尼科特1958年发表的《独处的能力》(The capacity of be alone)一文,在其悖论性思维的发展中占据了关键地位。[1] 在这篇论文中,温尼科特首次在已出版的著作中使用了"悖论"(paradox)一词。尽管早在《过渡性客体与过渡性现象》(1953)一文中,他就已经运用了悖论性思维,但彼时尚未使用该术语。直到18年后在该文的扩展版中(Winnicott,1971a),他才引入"悖论"一词,以进一步阐释过渡性。

第8章 我一个人，但你也在：独处、在场与真实生命的展开

《独处的能力》是对悖论性思维的深入研究。在我看来，要理解这篇文章，几乎必须以悖论的方式去阅读其中的每一句话，也因此使得这篇文章极具挑战性。

温尼科特在论文开篇写道："我想研究个体的独处能力，我的出发点是，这种能力可能比我们想象的更为重要，是判断一个人情感发展是否成熟的关键标志之一"（1958，p.21）。他随即补充，在精神分析文献中，"关于害怕独处或渴望独处的内容远多于对独处能力本身的讨论"（p.29）。他总结道："关于独处能力积极方面的探讨，早就应该被提上议程了"（p.29）。

三人关系与两人关系

温尼科特试图将独处的能力置于"三人关系"和"两人关系"的脉络中加以理解。恋母情结（即俄狄浦斯情结）代表以"三人关系"为核心的发展阶段；克莱因提出的"抑郁心位"则可看作母婴之间两人关系的范例（母亲与婴儿已彼此区分开来）。温尼科特指出，人们通常会将自恋理解为"一人关系"的例子，但他写道："我想说明的是，要从两人关系直接跳到一人关系，其实是不可能的，这样做会违反我们通过分析工作和直接观察母婴所得的大量认识"（p.30）。在我看来，温尼科特对"一人关

系"的拒斥，是在强调婴儿从未真正孤立；这一观点也为他关于独处能力的悖论性概念奠定了基础。

悖论

温尼科特在两句话中表达了他认为本篇论文的核心思想：

> 现在可以陈述这篇文章的要点了。尽管许多不同类型的经验共同促成了独处能力的建立，但其中有一种经验是基础性的，若没有足够的这种经验，独处的能力便无法发展；这就是婴儿和幼童在母亲在场时独自一人的经验。因此，独处能力的基础是一个悖论：其经验即为独自一人却有人陪伴。
>
> （p.30）

独处的能力本质上是悖论的。个体是独自一人，同时又处于他人的陪伴之中。这个悖论不应被化解，比如不能说"婴儿虽然独处，但并不孤单，因为母亲已成为其内部客体"。⊖ 用这种方式来解释，反而会错失温尼科特文章

⊖ 若将"婴儿虽然独处，但并不孤单"解释为"母亲已成为其内部客体"，就跳过了温尼科特所强调的发展阶段，即母亲真实在场但不介入。正是在这种被看见却不被打扰的关系中，婴儿才逐步发展出真正的独处能力。这一能力本质上是悖论性的，也就是个体既在关系中，又是独立的，两者共存且不可简化为任何一端。——译者注

第8章 我一个人，但你也在：独处、在场与真实生命的展开

的关键所在。从悖论视角来看，婴儿是独自一人，同时也处于母亲的陪伴中——两者都为真，且互不否定。对我而言，要在头脑中把握这个悖论而不试图解决它，是非常困难的。温尼科特在《游戏与现实》一书的引言中曾请求读者：

> 我所能做的贡献，就是请求大家接受、容忍并尊重一个悖论，而不去化解它。虽然通过将理智功能割裂出来可以化解这个悖论，但代价则是失去了悖论本身的价值。
>
> （p. XII）

温尼科特进一步阐释了他对独处能力所涉及悖论的理解：

> 这里隐含着一种非常特殊的关系，即处于独处状态的婴儿或小孩与母亲或母亲替代者之间的关系。后者事实上是可靠地在场的，即使此刻她可能是以婴儿床、婴儿车，或是环境氛围的形式在场。
>
> （p.30）

在这段悖论性描述中，婴儿虽然独处，却与在场的母亲之间维持着一种关系——即便她只是以作为外部客体的

某种象征性形式存在。母亲"事实上是可靠地在场的",同时她又似乎是不在的。

为什么必须强调这位"在场的母亲"不属于婴儿内部客体关系的一部分,而是作为外部世界的片段(例如婴儿车或环境总体氛围)被经验或象征性地在场?在我看来,这一区分至关重要,因为独处的能力所涉及的是与外部客体世界的关系,而非与个体自身或其内部客体世界的关系。婴儿在独处时所经验到的母亲,是一个完全分化的外部客体。

这种悖论与"过渡性客体"及"过渡性现象"的悖论结构密切相关:后者是婴儿既创造又发现的事物。比如,一个小女孩在玩耍时手中的洋娃娃,同时(悖论式地)既是真实的婴儿,又是想象的婴儿。如果你问她,洋娃娃究竟是真的还是假的,只会打断她的游戏体验。真实与想象共存,正是构成游戏(以及一切创造性活动)经验的悖论核心。

自我关联

温尼科特接着写道:"就我个人而言,我喜欢使用'自我关联'(ego-relatedness)这个术语(与独处能力相关)。这个术语很方便,因为它与'本我关联'(id-

第 8 章　我一个人，但你也在：独处、在场与真实生命的展开

relatedness）一词形成了相当清晰的对比，而'本我关联'是在所谓自我生活中反复出现的一个复杂因素"（p.30-31）。㊀

每次看到温尼科特使用弗洛伊德结构模型中的术语——本我、自我、超我——来表达自己的观点时，我都会感到一丝惊讶。温尼科特的思考为这一结构模型赋予了全新的维度。弗洛伊德曾以"委员会"㊁ 的隐喻来描述该模型，分别代表身体冲动（本我）、道德判断与理想化（超我），以及调和内在冲突与外部现实的整合努力（自我）。而温尼科特将精神分析的关注点，从本我、自我、超我与外部现实之间互动的研究，转向了个体如何"进入存在"（come into being）的探讨，即如何活得完整、有生命感、真实、富于想象，并具有个人性。这种进入存在的方式，本质上无法用结构模型的术语来描述。温尼科特关注的是个体持续生成的"进入存在的经验"，这一经验从根本上说是主观性与客观性之间的悖论性交互作用。

他还创造了新的分析语言，以补充弗洛伊德的"心理

㊀ 温尼科特指出，"本我关联"强调个体围绕本能冲动展开的驱力性活动；"自我关联"则指个体作为主体与现实建立持续联系的能力，体现出整合与调节的功能。他借用这两个术语，意在强调独处能力属于自我功能的发展成果，而非源自本我驱动的表现。——译者注

㊁ 此处"委员会"隐喻指的是本我、自我和超我三者的互动关系，像一个委员会中的各个成员各司其职，彼此协调。——译者注

"地形学模型"术语体系,这个模型将心灵划分为意识、前意识与无意识三个部分(结构模型本身就是以心理地形学模型为基础构建的)。温尼科特并不否定弗洛伊德的心理地形学模型,而是为其线性、顺序、因果式的思维方式加入了"悖论"这一思考维度。在温尼科特设想的意义上讨论"独处",追问它究竟是有意识的还是无意识的,其实是没有意义的,因为它属于完全不同的概念层面。

考虑到温尼科特的这些贡献,我们不禁要问:为什么他在这篇论文中使用"自我关联"和"本我关联"这些术语?我无法确定答案。但我猜想,对温尼科特来说,不被指责为"不够弗洛伊德"或"不是真正的精神分析师"或许非常重要。在著名的"争论讨论"[一]中,克莱因曾被安娜·弗洛伊德(Anna Freud)等人指责"不够弗洛伊德",而成了所谓的"克莱因派"。也许正因为如此,克莱因才在某些情况下保留使用"死亡本能"这一术语,尽管她所指的其实是一个与弗洛伊德完全不同的概念。温尼科特在此处使用"自我"和"本我"这两个术语,而不是他自己更常用的"自体"和"欲望"等,我猜(无论

[一] "争论讨论"指20世纪40~50年代梅兰妮·克莱因与安娜·弗洛伊德之间关于儿童发展与精神分析理论的分歧,促成了"克莱因派"与"弗洛伊德派"的分裂。温尼科特虽受克莱因影响,但立场独立,后来成为英国"独立学派"的代表人物。——译者注

第8章 我一个人,但你也在:独处、在场与真实生命的展开

他是否意识到)可能也是在做类似的事。但这纯属我的推测。

在阅读温尼科特关于"自体关联"的讨论时,读者不仅要"读"温尼科特,还要"写"温尼科特,即主动揣摩并扩展其含义。他写道:"自体关联指的是两个人之间的关系,其中至少有一个人是独处的;也许两人都在独处之中,但彼此的存在对对方都很重要"(p.31)。换言之,在自体关联的状态中,一个人或两个人皆处于独处之中,个体能进入一种悖论性的心理状态:在他人陪伴中仍能体验独处。在这种状态中,一个人既在自己面前是真实活着的,也能在与他人的关联中感受到自我存在。基于这一理解,温尼科特指出,"喜欢"一词比"爱"更能描述"自我关联";而"爱"更多属于"本我关联",无论是原始形态还是升华后的形式(p.31)。我认为,这意味着爱中通常包含更多性欲的成分,友谊则发展出一种独特的亲密方式。

温尼科特还暗示了他采用"自我"与"本我"这组术语的理由,"我想提醒大家,可以用那些已经用滥了的精神分析术语来谈论独处的能力"(p.31)。他用"用滥了"(well-worn)这一措辞,虽语气温和,实则隐含批评。弗洛伊德与克莱因的术语可能过时,难以充分把握独处能力所涉及的复杂经验。温尼科特引用弗洛伊德关于独

处的看法，指出其理解类似于"满意地性交之后"的状态，即一个人与"另一个同样独处的人"在一起时的体验（p.31）。这种独处"相对来说不具备我们所谓的'退行'的特征"（p.31）。

温尼科特转述弗洛伊德的观点。弗洛伊德将"独处"理解为类似"满意地性交之后"的时刻，那是一种一个人与"另一个同样独处的人"共同在场的状态（p.31）。这种独处"相对来说不具备我们所谓的'退行'的特征"（p.31）。弗洛伊德还认为，婴儿的独处能力源于其对"原初场景"（即父母性交）的接受，而这一接受通常在手淫行为中体现出来。

> 在这种情境中，整个有意识与无意识幻想的责任都由孩子本人承担——他是这个三人关系（或三角关系）中的第三者。能够在这样的情境中独处，意味着个体在性发展上已具备一定的成熟度……也意味着个体具有容纳矛盾情感的能力。
>
> （p.31）

弗洛伊德的思路相当线性，在温尼科特看来，与他所构想的"独处能力"的关联并不密切。

接着，温尼科特介绍了克莱因关于独处能力的理论：

第 8 章 我一个人,但你也在:独处、在场与真实生命的展开

> 独处能力的形成取决于个体心理现实中是否存在一个良好客体。只要良好的内在乳房、阴茎,或良好的内在关系已经建立并得到有效防卫,个体……就能对当下与未来感到有信心。在这种情况下,个体与其内部客体的关系本身就足以带来一种"生命的充足感",使其即使在外部客体和刺激暂时缺席时,也能感到满足。
>
> (p.32)

因此,从温尼科特的角度看,克莱因为"独处能力"提供了一个客体关系理论。在她的理论中,只要个体成功建立了与母亲的内部客体关系,那么即使在没有外部客体在场的情况下,婴儿或儿童依然能够体验到"对当下与未来感到有信心",也就是安全感。如我前文所提,如果我们把温尼科特所说的母亲在场理解为"母亲已被内化为内部客体",那么就会消解他所强调的悖论结构。

即便在讨论弗洛伊德与克莱因的观点时,温尼科特似乎也难以抗拒以自己的语言去"增强"这些理论的倾向。例如在讨论克莱因时,他使用了"生命的充足感"(sufficiency of living)这个短语来描述克莱因所设想的内在世界,但这个表达并不是克莱因本人使用过的术语(p.32)。

在不成熟状态下独处

温尼科特指出，尽管拥有独处能力是个体成熟和老练的标志，但这种能力的根源却在婴儿期的不成熟经验。

> 在婴儿的自我尚未成熟的阶段，只要有母亲所提供的自我支撑（ego-support），这种不成熟就能自然获得平衡；此时，婴儿便能够在母亲在场的情况下独处。
>
> （p.32）

紧接着的一句话又增加了一层复杂性："随着时间的推移，个体将内摄了那个给予自我支撑的母亲，于是即便没有经常联想到母亲或母亲的象征物，他／她也能独处"（p.32）。乍看之下，"内摄"一词让我感到困惑，因为把母亲"内摄"进来这一想法会使独处能力背后的悖论消失不见。温尼科特在这里使用"内摄"一词，指的或许是个体达到了一种成熟的心理状态，在这种状态下，个体发展出了自身的一个面向，该面向提供了母亲曾提供过的支持功能，但又不成为母亲的内部客体表征。婴儿能够在没有母亲实际履行角色的情况下，创造出对母亲作为外在客体

第8章 我一个人，但你也在：独处、在场与真实生命的展开

的感受。通过这种方式，个体能够凭借自身的力量完成"创造悖论性心理状态"的工作：既独自一人又有一个外在他人在场。

这让我想起温尼科特在《精神病与儿童照料》（Psychoses and child care,1952）一文中所绘制的一幅示意图：图中外圈代表母亲，内圈代表婴儿。婴儿处于母亲构成的环境中，呈现出一种健康的孤立状态；母亲的存在就像水之于鱼——安静、不打扰。母亲（外圈）确实在场，但对婴儿而言是看不到的，除非婴儿出于好奇或需要而主动接近她（内圈向外圈弯曲）。而如果在婴儿尚未准备好之前，母亲主动靠近他（外圈向内圈弯曲接触），这一举动便构成了一种侵扰，会迫使婴儿产生防御性的顺从。同样，在独处的经验中，如果母亲以一种婴儿不需要或不愿意的方式让自己"被感知"，那么这种悖论性的独处状态就会被破坏。

"我独自一人"

温尼科特对"I am alone"（我独自一人）这句话进行了富有哲理的解析。他说，其中的"I"表示"个体作为一个整体确立下来"（p.33）；"I am"意味着"这个个体不仅有了形体，而且有了生命"（p.33）；"I am alone"

则意味着婴儿除了作为一个独立且有生命的存在之外，"还能体会（appreciation）到母亲的持续存在"（p.33）。也就是说，当婴儿说"我独自一人"时，这不仅仅是孤独状态的表述，而且是一种悖论性的存在经验：他既独处，又在母亲的在场中。温尼科特特别选用了"appreciation"一词，来描述婴儿对母亲持续存在的温和感知。我认为，这个词非常精准地传达了婴儿在独处中，对母亲作为外部存在所具有的那种温和、隐性却真实存在的感受。

自我关联作为移情的基质

此时，温尼科特进一步扩展了"自我关联"这一概念。他写道：

> 现在，如果我对这个悖论（指独处能力中的悖论）的理解是正确的，那么考察婴儿与母亲之间这种关系的性质——我在本文中称之为"自我关联"——就显得非常有意义。
>
> （p.33）

温尼科特指出，"自我关联"是他用来指称婴儿与母亲关系中某一特定面向的术语。他接着说："我非常重视这种关系，因为我认为它是构成友谊的原材料。它最终甚

第8章 我一个人,但你也在:独处、在场与真实生命的展开

至可能会被证明是移情的基质⊖"(p.33)。

我理解中的"友谊",在某种程度上可以追溯到儿童时期的游戏体验。比如,我和两个孙女一起玩时,她们会把我卷在地毯里(或许在模拟"出生"吗),然后分配角色(妈妈、爸爸、孩子、老师),一同扮演家庭或学校的情境。这种游戏或许可以用"升华的性冲动"来解释,但当我和孙女们玩耍时,我并没感受到任何性化的意图。不过,温尼科特提出的"自我关联",并非指这类游戏中的互动关系,而是指一种更基础的心理体验结构,它支撑着个体如何在关系中感受到真实的存在。"自我关联"需要与"本我关联"区分开来(p.34),后者指的是"爱情关系",无论是原始形态还是升华后的形式(p.31)。"自我关联"则是一种游戏性的关系经验,它可以在独处中发生,也可以与他人一同经历,其核心在于个体在想象性的活动中处理自己内心深处的情感、思想与困难。这种体验不涉及性兴奋或欲望,它是一种承载"独自玩"或"与他人一起玩"时的关系形式。

相比之下,"本我关联"更受本能驱动,指的是个体在具有性活力的状态中与他人建立关系,无论这种活力是以直接方式呈现,还是以升华形式表现出来。这种关系不

⊖ 基质(matrix)在此指心理关系生成的原始结构背景,即移情经验可能生长出来的关系母体。——译者注

具备独处能力所体现的那种悖论性关联。在本我关联中，一个人是出于性欲的吸引而被一个真实且分化的他者所牵引。温尼科特进一步指出，正是通过"自我关联"的经验，个体才可能将本我冲动体验为真实的、私人的，并将其认作"自己的"冲动。这一点对于温尼科特的论述至关重要：只有当爱情关系建立在自我关联的基础之上，它才会被体验为真实而独特的，因为这样的关系承载了一个人"在他人在场时独处"的能力。反之，若缺乏这种基础，纯粹的本我关系就容易让人感到失控、空洞，甚至产生变态体验。在分析情境中，病人与分析师都处于一种特殊的状态：他们各自独处于对方的在场之中。两人都在"一个人地做梦"，却又在彼此陪伴中进行这种想象性的重构。分析性关系的本质并非爱情关系，也并不以性为核心。当分析关系中出现性兴奋与欲望时，只有在自我关联的结构支持下，这些欲望才能被体验为是个人的；否则，它们将被感知为失控的、空泛的，甚至病态的本我关系。

在文章的结尾，温尼科特进一步澄清了自我关联与本我关联之间的区分。他在描述儿童游戏时写道："如果我们忘了这一点——当游戏被身体的兴奋与生理性高潮所搅扰时，它就不再是一种快乐的游戏——我们就遗漏了某些至关重要的东西"（p.35）。温尼科特在此强调，游戏的本质在于其非性化的结构，一旦被生理性的兴奋扰乱，这种

第 8 章　我一个人，但你也在：独处、在场与真实生命的展开

自我关联的状态就会瓦解。健康状态下的儿童游戏，就是一种自我关联的形式。如果孩子在游戏中被性兴奋干扰，那么对他来说，这种体验将是一种突然而猛烈的、不受控制的冲动入侵，会破坏他本已建立的游戏状态。

温尼科特在论述独处能力这一悖论性经验的同时，还为精神分析带来了另一项极具开创性的贡献。传统精神分析自弗洛伊德、费伦齐、克莱因、巴林特（Balint）、费尔贝恩到比昂，普遍基于一个核心假设：人存在一个内在世界与一个外部世界。这一点似乎无可争议——除了内外世界，还有别的经验维度吗？温尼科特对此表示反对。他认为，除了内在世界与外部世界之外，还存在第三个经验领域："第三空间是游戏（以及所有其他创造性活动，包括分析经验），既不是内在的心理现实，也不属于外部世界"（1971c，p.51）。这个经验领域没有一个固定的空间位置。它并不是简单地"介于"内在世界与外部世界之间，也不"介于"现实与幻想之间。

从"独处能力"的角度来看，第三经验领域正是由两种经验之间的悖论性张力所创造出来的：一方面是独处的体验，另一方面是与他人在一起的体验。这个悖论意味着个体同时处于两个位置：既独自一人，又处于某人的陪伴之中。这正是我们活着的世界，在这个世界中，我们通过想象性的方式活着，感受到自己的情感是真实且属于自己

的，并参与到游戏和一切创造性活动中。

自我性生活

温尼科特回到了一个核心观点："大家大体都会同意，只有当本我冲动被容纳在自我性生活（ego-living）之中，它才具有意义"（p.33）。换句话说，一个本我冲动（例如对某个外部客体产生的身体性欲）只有在个体能够将其体验为鲜活的、真实的，并归属于"我自己"的情感时，才对个体具有意义。必须是在个体明确地感受到"这是我的欲望""这种欲望让我感到自己活着"时，这类冲动才不会异化或变得失控。

温尼科特继续写道："一个本我冲动，要么瓦解一个脆弱的自我，要么强化一个强健的自我"（p.33）。也就是说，若个体的自我结构尚未稳固，本我冲动可能导致其心理整合瓦解；但若个体拥有较为完整的自我感，那么本我冲动可能成为一种内在的推动力与滋养来源。在后一种情况下，个体已经建立起一种"自我性"结构，使其欲望能够被体验为真实的、个人的，并成为其"我是谁"以及"我正在成为谁"的一部分。性欲此时不再是来自外部的压迫性冲动，而是内在生命的延伸与丰富。因此，温尼科特写道：

第8章 我一个人，但你也在：独处、在场与真实生命的展开

当本我关系发生在自我关联的框架中时，它就能反过来强化自我结构。如果这一点成立，我们便能理解独处能力的意义。唯有当婴儿处于独处之中（也就是处于他人在场状态下的独处），他才可能发现属于他自己的"个体性生活"。

（p.34）

个体对其"个体性生活"的发现，最常发生在精神分析的设置中，也就是病人一方面独处（与自己的思想、情感、梦境和身体感受同在），另一方面又在分析师的在场中——分析师虽然不主动介入，但最终是由他来结束这次会谈。分析情境的结构安排本身（病人躺在沙发上，而分析师坐在沙发后方，处于病人的视线之外）恰好促成了这种悖论性状态的建立：既独自一人，又处于他人的在场中。在这种设置中，个体才能真正进入那个空间，在那里，他的欲望成为自己的欲望，他的梦成为可以被聆听的梦，他的内在生活成为可以展开的真实生活。

放松

当婴儿处于"独处"的状态中（即母亲在场而不干扰），他便能够做一些我们成人称为"放松"的事情（p.34）。在这种状态中：

婴儿可以是未整合的，也可以是迷糊的；他暂时不必回应外界，也不用立刻成为一个有方向、有计划、知道自己是谁的人。他只是存在，就已经够了。

（p.34）

我再次想起温尼科特在 1952 年所画的示意图：婴儿是内圈，母亲是围绕着婴儿的外圈。在这种"隔离"（放松）的状态下，婴儿不需要对外部或内部的刺激做出反应；他／她可以无方向、无动机、未整合地存在。唯有在这样的情境中，婴儿才能创造出"他自己的个体性生活"（p.34），并做好迎接本我冲动的准备。温尼科特写道："随着时间的推移，会有一种感受或冲动出现。在这样的情境中，这种感受或冲动将会被体验为真实的，并且确实是个体化的体验"（p.34）。

在这里，温尼科特再次使用了弗洛伊德与克莱因未触及的一些概念，如"他自己的个体性生活""冲动将会被体验为真实的""确实是个体化的体验"等，强调了一种由自体经验所支撑的、情感性的存在状态。

客体的守候

温尼科特从另一个角度重新审视了"独处能力"中客

第 8 章　我一个人，但你也在：独处、在场与真实生命的展开

体的角色：

> 我们现在可以明白，为什么"有某个人在场"这点如此重要——这个人可被使用，在场却不提出要求。当冲动出现时，本我体验才能变得富有成果，而客体可以是这个在场之人（即母亲）的一部分，也可以是她的整体。
>
> （p.34）

换言之，在婴儿的独处经验中，母亲的一个重要角色就是静静地、不引人注意地在场，等待婴儿准备好，在她身上实现婴儿自己的本我体验（欲望）。当婴儿已经能够将欲望体验为属于自己的（即发展出"自我关联性"）时，他的体验空间会发生质的变化——母亲，这个始终在场却不打扰的存在，此刻被婴儿"发现"为其欲望的客体⊖。婴儿是何其幸运！母亲一直在那里，以一种不可见、不过度的方式守候着，如今婴儿终于可以发现她，作为自己渴望的对象！

⊖ "欲望的客体"是指个体将内在的本我冲动温柔地指向某个具体他者的经验。在温尼科特的语境中，这通常是母亲一直安静地陪伴在那里，直到有一天，婴儿终于准备好将自己的渴望转向她——不再只是从她那里获得满足，而是在她身上发现了一个可以真实向往，也愿意靠近的人。——译者注

温尼科特写道，当冲动[⊖]出现时，"本我的经验才得以真正结出果实"。其中"结出果实"不仅是自然成熟的隐喻，也象征着一种冲动在安全关系中被允许成长，最终变成真实的、属于自己的体验。

> 只有在这样的关系框架中，婴儿才能拥有一种感觉真实的体验。而这样的大量体验，正构成了一个拥有现实感而非徒劳感的生命基础。
>
> （p.34）

独处的能力，是我们能够拥有鲜活生命与真实冲动的基础。

> 已经发展出独处能力的个体，能够一次次重新发现自己内在的冲动，而这些冲动不会被浪费，因为"独处"这个状态（尽管悖论地）始终意味着有另一个人在那里。
>
> （p.34）

能够在他人在场中独处的人，会一次次地"重新发现"拥有一段属于自己的生命意味着什么，也就是体验自

⊖ 此处"冲动"指的是婴儿自发产生的原始欲望或内在感觉，是本我驱力的自然表达，可能体现为情感、身体动机或渴望回应的倾向。——译者注

第8章 我一个人，但你也在：独处、在场与真实生命的展开

己的感觉与冲动（亦即自己的欲望）。而这些冲动之所以不会被浪费，是因为始终有另一个人静静地在那里，等着成为这些本我冲动的回应者。

温尼科特在结尾处回到他在前文提出的一个主题，以此完成他对"独处能力"的整体构想：

> 随着时间的推移，个体逐渐能够不再依赖母亲或母亲替代者的实际在场。这种转变可被称为"内在环境"（internal environment）的建立。
>
> （p.34）

这里我必须再次"重新书写温尼科特"。在我看来，他的言下之意是，婴儿最终会发展出一种能力，此时母亲无须再（以不介入的方式）实际在场；相反，母亲被"内建进了个体的人格之中，从而发展出一种真正的独处能力"（p.36）。在我看来，"真正的独处"这一表述不应被理解为个体已经超越了那种在外部母亲在场中独处的悖论经验。此时，真实的母亲被一种"内在环境"的经验所取代，这种内在环境作为独处悖论中的"另一个人"（即外部客体）继续存在。需要指出的是，"内在环境"与母亲作为内部客体之间有根本区别。如果将母亲等同为内部客体，就会抹除构成独处能力的悖论结构。

结语

如同我在文章开头所提,这是一篇阅读难度颇高的论文。部分难度来自我们很难在不加以化解的情况下,长时间在头脑中保持一个悖论。更深层的挑战在于温尼科特试图并置悖论性思维与线性因果性思维,并为两者同时辩护。例如他说,"内在环境"取代了"外在母亲"的功能。我在脑海中努力想象这一过程,却不由得又回到温尼科特在1952年画的那幅图——婴儿被安放在母亲构成的外圈之中。但此时我也意识到:那幅图恰恰是最线性的表达,是最不悖论的表述。

对于温尼科特提出的那个问题——是否终有一刻,婴儿能够完全接管原本属于外在母亲的角色(即"母亲的实际在场"),从而在悖论体验中既能独处,又与母亲同在——我没有确切答案。或许问题的根源,在于我们如何理解"时间"本身。当温尼科特说"随着时间的推移"时,他似乎采用了一种线性的、顺序展开的时间观(即"历时性时间";Ogden,2024)来描述"独处能力"的发展过程。然而,要真正理解这一能力的悖论性结构,我们也许更需要的是"共时性"时间观(Ogden,2024),一种将所有时间经验同时置于当下此刻的体验方式。在这

第 8 章　我一个人，但你也在：独处、在场与真实生命的展开

种体验中，过去（无论是 10 秒前还是 10 年前）发生的事虽已发生，却仍以"印记"的形式活在现在，正如艾略特（1919，p.11）所说的"过去的当下"。

过去通过它留给个体的印记融入了现在。"过去尚未死去，事实上，它甚至尚未成为过去"（Faulkner，1951）。从"共时性时间"的角度来看，"随着时间推移"这句话就不再意味着线性进展，而更接近我们在游戏或做梦时的时间感。我们从不会问一个孩子"你玩了多久"，也不会问一个病人"你做的那个梦持续了多长时间"。

在这样的时间观下，我们不再需要说，"内在环境逐渐取代了外在客体母亲"。我们可以说，婴儿过去与母亲（作为外部客体）的关系经验，已在他体内留下了印记，成为他是谁的一部分。这个印记不是一个内部客体的结构性替代，而是一种经历在此刻仍然"活着"的存在。在这个视角中，我们甚至可以不必诉诸"内在世界／外部世界"这种二分思维。我们关心的是，过去的经验与现在的经验如何共同构成了"婴儿是谁"以及"他正在成为谁"。这种理解方式，更贴近温尼科特晚年思想发展的方向。

注释

1. 本文对《独处的能力》的探讨是我所撰写的相关系列文章的第 15 篇。该系列旨在对重要的精神分析理论贡献进行"创造性的解读"。此前我已讨论过弗洛伊德、温尼科特、艾萨克斯（Isaacs）、费尔贝恩、比昂、洛瓦尔德（Loewald）和瑟尔斯（Searles）的相关著作（Ogden，2001，2002，2004，2006，2007a，2007b，2010，2011，2014，2015，2016，2018，2021，2023）。

参考文献

Eliot, T. S. (1919). Tradition and individual talent. In *Selected Essays*. New York: Harcourt, Brace, and World, 1960, pp. 3–11.

Faulkner, W. (1951). *Requiem for a Nun*. New York: Random House.

Ogden, T. H. (2024). Rethinking the concepts of the unconscious and analytic time. *Int. J. Psychoanal.* 104, 275–291.

Winnicott, D. W. (1952). Psychoses and child care. In *Through Paediatrics to Psycho-Analysis*. New York: Basic Books, 1975, pp. 219–228.

Winnicott, D. W. (1953). Transitional objects and transitional phenomena. In *Through Paediatrics to Psycho-Analysis*. New York: Basic Books, 1975, pp. 229–242.

Winnicott, D. W. (1958). The capacity to be alone. In *The Maturational Processes and the Facilitating Environment*. New York: International Universities Press, 1965, pp. 29–36.

Winnicott, D. W. (1971a). Transitional objects and transitional phenomena. In *Playing and Reality*. New York: Basic Books, pp. 1–25.

Winnicott, D. W. (1971b). Introduction. In *Playing and Reality*. New York: Basic Books, pp. xi–xiii.

Winnicott, D. W. (1971c). Playing: A theoretical statement. In *Playing and Reality*. New York: Basic Books, pp. 38–52.

第 9 章

鲜活的写作：
给年轻写作者的信

活着意味着什么
精神分析的深度探索

亲爱的同行写作者：

针对你的来信，我想就写作提供一些想法，希望你能以此创造出属于你自己的东西。我提笔时其实有些忐忑，因为我担心你会把我的观点当作对你"应该如何写作"的指示，而非仅仅当作我个人写作经验的若干反思。

在我的写作历程中，最重要的一点认识就是我无法写得像任何其他人，而其他人也无法以我的方式来写作。尝试写得像他人只会毁掉我自身体验中独一无二的东西——我的说话方式、思考方式、写作方式，以及我的存在方式。确定无疑地明白这一点，对我作为一名写作者至关重要。

写作并不是一项可以兼职从事的事情。我无时无刻不在想着写作：淋浴时、开车去上班的路上、吃午饭时、在电影院排队时、坐飞机时、将要入睡时。一日日、一夜夜，从没有哪一刻我不在某种程度上思考写作。写作不是我所做的事情，而是我是谁。

第 9 章 鲜活的写作：给年轻写作者的信

博尔赫斯㊀在昏迷 12 天苏醒后，问的第一句话就是："我还能写作吗？"因为身为写作者，就是博尔赫斯之所是。为了证明自己依然能够写作，博尔赫斯挑战自己尝试一个从未涉足的文学类型——短篇小说。在测试自己是否还是过去那个写作者的过程中，他不仅写出了一篇短篇小说，还发明了一种全新的短篇小说体裁。他写下了《〈吉诃德〉的作者皮埃尔·梅纳尔》(*Pierre Menard, author of the Quixote*, 1939)，这篇小说是其令人惊叹的《虚构集》(*Ficciones*)的开篇。

加缪㊁（1943）曾深刻地指出坚持专注于写作的重要性："艺术作品并非灵感乍现的产物，而是日复一日忠实耕耘的结果"（p.218）。在感到无法写作的时刻依然坚持动笔，是一种真实的勇气。菲利普·罗斯㊂在写作陷入停滞时，曾连续几周将自己关在书房里，只为重新找回那种"身为写作者"的脉动。1915 年 3 月 11 日，弗朗茨·卡

㊀ 豪·路·博尔赫斯（Jorge Luis Borges，1899—1986），阿根廷作家，20 世纪最具影响力的文学家之一，以哲思性短篇小说著称。他的作品常以时间、身份、镜像等主题探索存在的悖论，对现代文学影响深远。——译者注

㊁ 阿尔贝·加缪（Albert Camus, 1913—1960），法国存在主义文学家、哲学家，1957 年诺贝尔文学奖得主。代表作包括《局外人》《西西弗神话》《瘟疫》等，其作品常探讨荒诞、反抗与人的存在意义。——译者注

㊂ 菲利普·罗斯（Philip Roth，1933—2018），美国后现代主义小说家，20 世纪最重要的英语作家之一。代表作包括《美国牧歌》《波特诺伊的怨诉》《人性的污秽》等，作品以深刻描绘身份、美国社会与自我认同著称。——译者注

夫卡[1]在日记中写道:"时间过得真快;又是十天,我依然一事无成。什么都写不出来。有时能写出一页尚可的东西,但没法持续,第二天我又完全无能为力"(p.332)。1921年,伍尔夫[2]在她的日记中这样记下:"我本该在写《雅各布的房间》,但我写不下去。取而代之的是——这本日记仿佛一位和蔼而面无表情的老朋友——我要在这里写下我为何写不下去的原因。"

1943年,艾丽丝·默多克[3]在信中写道:"问我有没有在写作吗?过去一年我只写了三首诗,没写任何散文……眼下我什么都没写,也没有写作的欲望。"我倾注自己的灵魂于写作。写作是一个带有进攻性的行动,在其中,我敢于咬下属于我自己的那一口苹果。

下面我想简要谈几点关于作者和写作的其他想法,或许对你这个年轻写作者有所裨益。

---

[1] 弗朗茨·卡夫卡(Franz Kafka,1883—1924),奥地利德语小说家,其作品以荒诞、异化与官僚体制下的孤独感著称。代表作有《变形记》《审判》《城堡》,被视为现代主义文学的重要奠基人。——译者注

[2] 弗吉尼亚·伍尔夫(Virginia Woolf,1882—1941),英国现代主义作家,"意识流"文学代表人物之一。其作品关注女性经验、时间与意识的流动,代表作包括《达洛卫夫人》《到灯塔去》《雅各布的房间》。——译者注

[3] 艾丽丝·默多克(Iris Murdoch,1919—1999),英国小说家、哲学家,以哲学视野深入刻画人性与道德冲突。代表作有《大海,大海》《黑王子》,被誉为20世纪最具思想深度的英国小说家之一。——译者注

第 9 章　鲜活的写作：给年轻写作者的信

- 任何严肃对待写作的人，都是写作者。
- 写作者是写作的人，而不是发表作品的人。
- 年轻画家跟随经验丰富的艺术家学习，并不是为了模仿对方如何作画，而是为了学会自己如何作画。
- 写作的目的，是成为更好的写作者。
- 所有文体——从科学论文到政治宣言——都是艺术形式，都是创意写作的一种体裁，应当获得与其他形式同等的尊重。
- 写作不是魔法，也不是缪斯的恩赐。写作，是作者的主动行为。
- 一篇文字读起来越自然，背后所倾注的功夫与才华往往就越深厚。

作品从未有真正"完成"的一刻。经过反复修改，我最多只能说："现在的它，是我能力所及之处。"我从未对自己写下的文字感到完全满意。我甚至不愿重读自己发表过的作品，因为我不想面对其中那些笨拙粗糙之处。博尔赫斯的朋友阿方索·雷耶斯⊖说过，他"发表自己所写的东西是为了不一辈子都耗在修改上。人出版一本书，是为

⊖ 阿方索·雷耶斯（Alfonso Reyes，1889—1959），墨西哥作家、文化评论家。其作品涉猎广泛，与博尔赫斯交往密切，对拉丁美洲文学与哲学反思传统具有重要影响。——译者注

了把它抛在身后，是为了遗忘它"。

我以写作者的身份来阅读哲学，黑格尔（1807）那则关于"主人与奴隶"的寓言，启发了我对写作的深层理解。在那则寓言里，奴隶为主人做所有事：他种出主人食用的粮食，建造主人居住的房屋，织出主人穿的布料，制作主人坐的椅子。而主人什么也不做。结果是奴隶获得了意识。他具备了自我反思的能力，能对自己说话，能同时以"我"作为主语与宾语来看待自己；而主人却始终未曾获得意识。因为奴隶在他创造出的世界中，看见了自己的影子——他在种下的庄稼里、建起的屋宇中、织出的布匹上、打磨的木椅中，看见了自己。而主人没有创造任何东西，自然也就无处可见自我之映照。

我一生中相当大一部分时间都花在了写作上。这不仅体现在写作所占据的小时数，更体现在这样一个事实：我所经历的每一件事——无论是现实的还是想象的——都成了我作为写作者的组成部分。我以写作者的身份去阅读、去做梦、去看电影、去教学。我是那些在我心中留下印记的经验的总和，而这些印记，正是我创作人物、故事、散文与诗歌时所开采的矿脉。这并不意味着，当我阅读、观影或入睡时，是以某种"跳出经验"的姿态在观察。恰恰相反，正因为我带着写作者的眼光来经历阅读、做梦、看电影、从事日常工作、与母亲谈话、陪伴妻子与孩子、抱

第9章 鲜活的写作：给年轻写作者的信

起孙辈，甚至与杂货店的收银员交谈，这些经验才变得格外鲜活而深刻。

阅读时，我会注意句子结构与节奏的变化，叙述者与角色声音的质地，比喻的运用，第一人称与第三人称之间的转换，以及诗歌或优美散文中语言所体现的音乐性。读小说的同时，我也在脑中对其进行修改，就像编辑自己的草稿——重写句子、转换叙述视角、推敲一个比喻是否恰当。我所读过的书的作者，其实就是我最重要的写作导师。

即便在从事本职工作时，我也始终与写作保持联结。在工作中，我持续地作为一名写作者在写作——不是写"关于工作"的文字，而是把工作经验本身转化进写作。如果我无法在写作中表达那些在工作中体验到的思想与情感，我想我会逐渐对工作失去兴趣，甚至因日复一日将时间耗于此而心生怨意。我也渐渐明白，我们完全可以用写作者的方式来回应工作中的所见所感。一个细节、一则隐喻、一句耳语般的评语，或者一个情节的转折，都可以将那些经验带入当下正在创作的作品之中。

其实，我们每个人都是写作者。我们每天都会写下许多东西：电子邮件、短信、生日贺卡、写给自己的提醒便条。为了成为更好的写作者，我尽量对所有这些写作一视同仁、认真对待——即使它们看上去只是些日常琐事。

没有什么比威廉·卡洛斯·威廉斯^㊀的诗《这只是要说》（This is just to say，1934，p.372）更能体现这种写作态度：

> 我已经吃了
>
> 冰箱里
>
> 你大概
>
> 留着早晨吃的李子
>
> 请原谅我
>
> 它们实在美味
>
> 又甜
>
> 又冰凉

我时常提醒自己，要学习威廉斯的这首诗——以及许多类似的诗——如何把平凡变成艺术。把一段个人经验写下来，并不会自动使它成为艺术；艺术来自我们如何在写作过程中对经验进行运用与提炼。今天，我遇到几件小事，它们给了我将寻常转化为艺术的机会——回复妻子问我几点下班的电邮；收到研讨班一位成员说她生病无法出席的短信；读到我八岁孙女发来的一个小故事；婉拒了一

㊀ 威廉·卡洛斯·威廉斯（William Carlos Williams，1883—1963），美国现代主义诗人、小说家，同时为职业医生。他主张以事物本身的语言书写，强调日常经验中的诗意，代表作包括《春天及一切》等。——译者注

第 9 章 鲜活的写作：给年轻写作者的信

位朋友让我为某本书写推荐语的请求；在邮局排队时脑中闪过一个短篇小说的念头，于是掏出钱包里皱巴巴的小纸片把它记了下来（我总是随身带着这种纸，以备不时之需）。在这些写作当中，我努力让语言保持活力，用鲜明具体的字句表达自己，尽可能避免陈词滥调，也会赋予文字一点儿幽默、讽刺，甚至一丝音乐感。哪怕只是寥寥数语，只要它们真诚、贴近自己、能够引发些许共鸣，也足以让我感到满足。一张富有想象力的便条，不论是写给别人，还是收到的回信，都是一份值得珍惜的礼物。

我想稍作聚焦，谈谈我作为写作者的阅读方式。我常常惊叹写作者如何在语言的表层意义之外，创造出另一种触动人的力量。我发现，句子的意义不仅仅源自词语本身所承载的符号价值，更来自它们以某种神秘的方式打动了我、触及了我。

当我阅读时，我会反复问自己："他/她是怎么做到的？"比如，在威廉·麦克斯韦尔⊖的小说《再见，明天见》(*So Long, See you Tomorrow*, 1980)中，有一段是从一只狗的视角叙述的："树叶开始飘落，狗看见星

⊖ 威廉·麦克斯韦尔（William Maxwell, 1908—2000），美国小说家、编辑，曾长期担任《纽约客》编辑，扶持了如厄普代克、纳博科夫等作家。其作品风格清新、含蓄，常以回忆、失落与家庭为主题，代表作有《再见，明天见》《妈妈走的那一年》等。——译者注

星在树梢上闪闪发光"（p.115）。对于这只狗来说，星星并不是透过树梢在闪烁，而是就在树梢上闪耀。而这只狗，也在悄然见证它所爱的男孩正在失去一切：他的家，他的马，洗衣日肥皂的味道，他的书，他那原本是为了干活才穿上的衣服，还有更多……"把这一切都拿走，你对他做了什么？"（p.113）狗不禁这样想。

尤多拉·韦尔蒂[⊖]的短篇小说《宽宽的渔网》(*The Wide Net*)中，有一句话我反复回味过无数次。在这个绵长的句子里，20世纪初密西西比州的某个黄昏，六岁的黑人男孩布鲁西正看着他的哥哥格雷迪，数着远处一列驶过的货运火车的车厢：

> 那情景仿佛小小的节日游行，以无知或梦境般的迟缓从远处驶向更远处，一节节粉色和灰色的小车厢像秘密的盒子一般，格雷迪在心里默数着车厢，好像他确实能看清每一节车厢似的，而布鲁西屏息凝神地看着哥哥嘴角一开一合地默数，就像他正在看一只小鸟喝水那样。
>
> （p.159）

⊖ 尤多拉·韦尔蒂（Eudora Welty, 1909—2001），美国南方文学代表作家，擅长以细腻诗意的语言描绘密西西比州的地方风貌与人物心理。曾获普利策奖，其代表作包括《金苹果》《绿帘》等。——译者注

第9章　鲜活的写作：给年轻写作者的信

整个句子像火车一样，由一连串相连的描写片段组成，每一个片段都像一节承载细节与情感的车厢，依次缓缓驶过。句子开头将火车的节奏比作"无知或梦境般的"迟缓，这两个词并置，一个指向空无，一个开启可能，在它们之间流动着一种南方的氛围：慵懒、沉静、被悬置的期待。正如韦尔蒂自己所说，"我是南方人，我不需要虚构任何东西。"

而这句的最后部分让我尤为动容。布鲁西看着哥哥的神情，被如此精妙地捕捉下来："屏息凝神地看着哥哥嘴角一开一合地默数，就像他正在看一只小鸟喝水那样"。还有什么能更好地呈现一个弟弟凝视哥哥时的那种温柔与敬意呢？这一串字词所营造的音乐感温柔动人：两个包含轻柔 shh 音的词"屏息"（hushed）和"凝神"（cautious）紧相连，然后紧接着三个轻柔的 w 音（the way he would watch）的重复。这些音的反复几乎可以肯定并非有意为之，而是在写作者全情投入写作时，自然而然流淌出来的。

在帕特里克·怀特[一]（1966）的小说《可靠的曼达拉》

[一] 帕特里克·怀特（Patrick White，1912—1990），澳大利亚小说家，1973 年诺贝尔文学奖得主。作品风格复杂深沉，关注孤独与身份认同问题，代表作包括《人树》《特莱庞的爱情》。——译者注

(*The Solid Mandala*)中，有一句简短却震撼人心的句子，描述了瓦尔多无意间听到母亲和弟弟交谈后的感受："大概就是在这个时候，瓦尔多认定他家里每个人都无可救药却又无可避免"（p.38）。将"无可救药"（hopeless）与"无可避免"（inevitable）并置，道出了一个关于家庭的深刻真相——家庭令人失望，因为它永远达不到我们所渴望的模样；但我们却又无法逃离它，它是命中注定的，是我们无法选择的归属。

我会在每本小说、每部短篇小说集或诗集的封底内侧记下笔记和页码。如果我没有在书上留下关于某个用词、某个妙喻、角色语调的转变，或是一句如蝶舞般轻盈流畅的长句的批注，我便不觉得自己真正读过那本书。我得承认，我从未回头看过这些笔记。也许是因为那个写下它们的人，已经不再是今天的这个"我"，甚至不是后来重读那本书时的"我"。

T. S. 艾略特曾用六个英文词锋利地总结这个道理："不成熟的诗人模仿，成熟的诗人偷窃。"（Immature poets imitate, mature poets steal.）这里所谓"不成熟的诗人模仿"，并不是一种贬低。毕竟，我们所有人都是从模仿开始，一步步走上写作之路：模仿自己所热爱的声音，模仿那些唤醒我们生命的句子。我十几岁的时候，

第 9 章　鲜活的写作：给年轻写作者的信

也曾试着模仿梅尔维尔㊀在《白鲸》(*Moby-Dick*) 中的文风——那是个沉重的选择，尤其对一个 17 岁的写作者而言。

而"成熟的诗人偷窃"，在我看来，往往是直接将别人的诗句一字不改地嵌入自己的作品中（艾略特自己就是这样做的）。但比这更重要的是，当我们逐渐成熟，我们开始拥有一种背景意识——自己的写作只是整体文学传统中的一部分，这个整体并不属于任何人，却又属于我们所有人。

从我小学时代起，无数次阅读的经验让我逐渐明白一个事实：纸页上的文字就是全部，除此之外别无他物。文字之中并没有隐藏着"更深"的内容，也没有什么潜伏在文字背后。以写作者的视角去阅读，就是要深入语言的肌理，倾听词语彼此之间的呼应，看它们如何搭配、碰撞、酝酿出一种奇妙的效果——这正是写作的艺术，也是写作的技艺。

我始终处在写作之中。在完成一篇作品与开始下一篇之间的间歇里，我就是一个正在等待动笔的写作者。当某个念头开始在心中浮现时，我常常有种感觉：这个念头仿

㊀ 赫尔曼·梅尔维尔（Herman Melville，1819—1891），美国小说家，代表作为《白鲸》，以哲学性叙述、意识流语言与象征手法著称，是美国文学经典人物之一。——译者注

佛一直都在那里,只是直到此刻,我才终于找到思考它,并可能将其写下的方式。我有一位朋友是画家,每次向我展示他的新作时,他都会说:"这幅画我花了75年才画出来。"意思是,这幅画是他一生经验的凝结,而非几小时、几天的产物。

从青春期开始,我便对语言的运作方式着迷,比如词语如何传递意义,如何生成意义,甚至如何被剥离意义。我记得中学时的一个晚上,晚饭后我坐在餐桌前,忽然盯着桌上的一件物品,开始反复默念它的名字。我想看看,如果我不停地重复"餐巾"(napkin)这个词,会发生什么。重复了15~20遍之后,那个词便开始崩解了。它失去了意义,只剩下一个声音。而那个物件也仿佛不再有名字,只剩下一个没有归属的声音——一个完全可以被任何其他声音取代的声音。那一刻,我感到一种深深的不安:如果我对每样东西的称呼都可以瓦解成这样的无意义音响,那么我将失去理智,既无法说话,也无法思考。那是我第一次窥见语言的黑暗面:它既能建构自我与世界,也能抹除它们的意义,使一切归于空无。

接下来,我想谈谈我写小说与非虚构文章时的一些做法。这不是建议,只是我作为写作者的经验分享。我尽量每周安排固定的、不受打扰的时间来写作。但这并不总能实现,尤其是孩子们年幼时,几乎无法维持整块时间。因

第9章 鲜活的写作：给年轻写作者的信

此，我也学会了抓住零碎时刻：当我的妻子给孩子们念睡前故事时，当我在火车站或机场候车时，当我等待一位迟到的同事或来访者时——这些时刻都可能被写作悄悄占据。

我避免去读他人在我所写主题上的文章。我发现，如果我读了他人在某个主题上的写作，我要么忍不住去反驳他们（这对我和读者都没什么意思），要么就会灰心丧气地觉得自己的观点已经被别人写过了，不必再写了。我并不孤单，很多写作者都有这种感觉。温尼科特（1945）在一篇文章的开头就优雅地说道：

> 我不会从历史的角度阐述自己的思想如何从他人的理论中发展而来，因为我的思维方式并不是那样运作的。我的做法是到处搜集材料，然后回归临床经验，形成我自己的理论，最后才去关心我是从何处"偷"来这些想法的。或许这不失为一种不错的方法。
>
> （p.145）

在写作时，让自己不妨碍自己（也就是不对初稿过于挑剔、苛责）既必要，又困难。我发现，别人对我的作品所写的书评，对我几乎没有任何帮助。因此，现在我根本不再读书评。过去几十年里，每当我看书评，评论者的声音就会在脑中萦绕，仿佛要我按照他的期待去写。无论评论是好是坏，结果都是一样的，它干扰了我与写作之间的关系。我也不与任何人谈论我正在写的东西。不管对方的回应是热情还是批评，它都会留下痕迹，挥之不去，搅动我自己的判断与节奏。保罗·克利⊖讲到在他年轻时，工作室里挂满了他最崇拜的画家的画；而随着年龄增长，那些画被一幅幅撤下，直到最后，他只留下自己一个人面对画布。

我发现，提高一篇作品的可靠方式之一是删减。删去每一个多余的词、短语、句子，删去每一个对故事或文章的推进并非不可或缺的人物。此刻我想起汤姆·斯托帕德⊜对诗歌的定义："它在压缩语言的同时，也扩展了意义"（1999，p.10）。

我逐渐体会到，许多时候之所以觉得自己的写作"无所产出"，是因为它尚未发展出清晰的句子结构，或搭建起我心中预想的思想框架与叙事骨架。但我一次又一次地发现：写作若要真正进入某种更宏大、更清晰的意义结构，往往必须先经过一段看似"无所产出"、方向模糊的

⊖ 保罗·克利（Paul Klee, 1879—1940），德国裔瑞士画家，包豪斯艺术运动的重要人物，以简练象征、富含音乐性与哲理的绘画风格著称。——译者注

⊜ 汤姆·斯托帕德（Tom Stoppard, 1937— ），捷克裔英国剧作家，以哲思性剧作闻名，代表作包括《罗森格兰茨和吉尔登斯特恩已死》《阿卡迪亚》等。——译者注

第9章 鲜活的写作：给年轻写作者的信

阶段。如果我希望文字对我而言保持新鲜感与原创性，那么我曾用来表达意义的旧方式就必须让位于新的方式。

我也发现，如果我拼命追逐一个想法或情节转折，它反而会逃走。相反，当我内心安静下来，只是顺其自然地书写，它反而可能自己来到。你也许会想回应我："这些灵感会自己来找你，是因为你是一个有经验的写作者。而我不是。我只是一个还困在写作门外的新人。"对此，我会这样回答：

> 就像开车、烤蛋奶酥或打网球一样——想掌握任何技能，都需要大量练习。而即便已经反复练习了，仍然需要时间和耐心。更重要的是，这一切都没有任何保证，不能确保你最终一定会写出你期望的东西。

我曾放弃过一些写到一半便中止的随笔、短篇小说，甚至长篇小说。它们或许再也不会重新出现在我之后的作品中，但它们的存在使我成为一个更成熟的写作者。

在写作中，我会坚持下去，直到听见一句真正打动我的好句子的声音。我还记得，高中时读梅尔维尔和莎士比亚的作品，我觉得它们"写得好"，只是因为老师告诉我那是文学杰作。那时候，我还没有培养出辨别好句子的耳朵。直到大学一年级的写作课，我才第一次真正听懂"好文字"的声音——那些用它们自己的方式讲出道理的句子。有一次，课程进行到学期中段，教授念出了一位同学的文章片段，题目是"写一个让你感觉很好的情境"。那位同学写的是他从家门前的台阶走下，沿着人行道走，碰到一条狗时对它说了声"你好"。我被这个细节打动了。就是那一瞬间，我第一次听见了语言的声音——不是那种用词技巧上的声音，而是语言在忠实表达某种生命感受时所发出的声音。

我常常觉得，所谓"虚构"与"非虚构"的区别，只是人为建构的假象。所有自传都是虚构，而所有虚构也都是自传。虚构不是对现实的扭曲；相反，它往往是表达某种经验所蕴含的真实情感的最可靠方式。我发现，对话式的写作是我理解和呈现角色在特定情境中"究竟是个怎样的人"的最有效的方法之一。作为叙述者，我当然可以直接说某个角色拘谨、尖刻或自负，但这些特质若能透过角色自己的声音呈现出来，会更有说服力，也更具生命力。

在书写任何形式的经验时，我总尽量让自己去描绘，而不是去解释。毕竟，对人类情感与行为这样复杂、神秘的事物，我也没有什么解释可言。生活本身是无法被彻底理解的。它甚至常常不合逻辑。我们在写作时，并不是在"记录"生活，而是在创造生活。

参考文献

Borges, J. L. (1939). Pierre Menard, author of the Quixote. In *Labyrinths: Selected Stories and Other Writings*, ed. D. Yates & J. Irby. New York: New Directions, 1964, pp. 36–44.

Borges, J. L. (1984). *Twenty-four Conversations with Borges by Roberto Alifano, 1981–1983*. New York: Grove Press.

Camus, A. (1943). Intelligence and the scaffold. In *Lyrical and Critical Essays*, ed. P. Thody, trans. E. Kennedy. New York: Vintage Books, 1968, pp. 210–218.

Hegel, G. W. F. (1807). *Hegel's Phenomenology of Spirit*, trans. A. V. Miller. Oxford: Oxford University Press.

Kafka, F. (1915). *Diaries, 1910–1923*, ed. M. Brod. New York: Schocken Books, 1948.

Maxwell, W. (1980). *So Long, See You Tomorrow*. New York: Vintage.

Murdoch, I. (1943). Letter to Frank Thompson. In *Writer at War: Letters and Diaries, 1939–1945*. London: Short Books, Ltd., 2000.

Stoppard. T. (1999). Pragmatic theater. *New York Rev. Books*, September 23, 1999, pp. 8–10.

Welty, E. (1942). The wide net. In *The Collected Stories of Eudora Welty*. New York: Mariner Books, 1955, pp. 153–170.

White, P. (1966). *The Solid Mandala*. New York: Penguin.

Williams, W. C. (1934). This is just to say. In *The Collected Poems of William Carlos Williams, 1919–1939*, ed. A. Litz & C. Mac Gowan, Vol. 1. New York: New Directions, 1991, p. 372.

Winnicott, D. W. (1945). Primitive emotional development. In *Through Paediatrics to Psycho-Analysis*, New York: Basic Books, 1975, pp. 145–156.

Woolf, V. (1921). *A Writer's Diary.* New York, Mariner Books Classics, 2003.

致　谢

谨向以下出版机构致以诚挚谢意，感谢他们授权本书收录此前已发表的相关文章。

感谢 The Psychoanalytic Quarterly 授权收录以下两篇文章。

"Ontological psychoanalysis in clinical practice." *Psychoanalytic Quarterly* 93: 13–31, 2024. © *The Psychoanalytic Quarterly.*

"Giving back what the patient brings: On Winnicott's 'Mirror–role of mother and family in child development," *Psychoanalytic Quarterly* 93: 413–430, 2024. © *The Psychoanalytic Quarterly.*

感谢 *International Journal of Psychoanalysis* 授权收录以下三篇文章。

"Rethinking the concepts of the unconscious and analytic time." *International Journal of Psychoanalysis* 105: 275–291, 2024. © The Institute of Psychoanalysis.

"Like the belly of a bird breathing: On Winnicott's 'Mind in relation to the psyche–soma.'" *International Journal of Psychoanalysis* 101: 7–22, 2023. ©The Institute of Psychoanalysis.

"What Alive Means: On Winnicott's 'Transitional Objects and Transitional Phenomena.'" *International Journal of Psychoanalysis* 101: 837–856. © The Institute of Psychoanalysis.

感谢 Journal of the American Psychoanalytic Association 授权收录以下文章。

"Transformations at the dawn of verbal language." *Journal of the American Psychoanalytic Association,* 2024. ©The American Psychoanalytic Association.

感谢 *Parapraxis* 杂志授权收录以下文章。

"A letter to a young writer." *Parapraxis,* Summer, 182–187, 2024. © *Parapraxis.*

感谢 New Directions Publishing 与 Alliance House 出版社授权引用威廉·卡洛斯·威廉斯的诗歌。

"This is just to say." William Carlos Williams from *The Collected Poems: Volume I, 1909—1939,* copyright © 1938 by New Directions Publishing Corp. Reprinted by permission of New Directions Publishing Corp. and Alliance House.

此外，谨向 Gina Atkinson 与 Terri Smith 致谢，感谢她们在本书制作过程中给予的协助，并感谢 Patricia Marra 精心编制本书相关内容。

最后，我由衷感谢我的妻子 Sandra Ogden，她为本书的编辑工作所付出的深思与细致努力，让本书得以成形。